赢向未来

成品油零售业发展前瞻

回顾历史，可以发现推动行业进步的动力
预见未来，可以把握引领行业发展的方向
需求引领创新，技术推动进步

赢向未来

成品油零售业发展前瞻

田景惠 编著

图书在版编目(CIP)数据

赢向未来:成品油零售业发展前瞻/田景惠编著.—北京:中国财政经济出版社,2007.4

ISBN 978-7-5005-9806-0

Ⅰ.赢… Ⅱ.田… Ⅲ.石油产品-零售商业-研究 Ⅳ.F764.1

中国版本图书馆 CIP 数据核字(2007)第 043811 号

中国财政经济出版社 出版

URL: http://www.cfeph.cn

E-mail:cfeph@cfeph.cn

社址:北京市海淀区阜成路甲 28 号 邮政编码:100036

发行处电话:88190406 财经书店电话:64033436

清华大学印刷厂印刷 各地新华书店经销

787×1092 毫米 16 开 14.75 印张 170 000 字

2007 年 5 月第 1 版 2007 年 5 月北京第 1 次印刷

印数:1—9 400 定价:30.00 元

ISBN 978-7-5005-9806-0/F·8520

(图书出现印装问题,本社负责调换)

序

中国的石油行业正面对跨国石油公司挑战。我国承诺入世后三年放开成品油零售市场、五年放开成品油批发市场。跨国石油公司从20世纪80年代起，就通过合作、合资等形式进入中国市场。仅2004年，外商在华石油石化投资总额就达50多亿美元。2004年，我国已经对外资开放成品油零售市场，外资公司可在国内营建油库、码头以及不受地点限制地设立加油站。跨国石油公司的进入，对中国的石油公司形成巨大的挑战。

中国的石油行业同时也面对着新形势新理论的挑战。建立社会主义市场经济体制是人类历史上伟大的探索，党中央、国务院正领导全国人民向改革目标前进。在此过程中，一方面，社会主义要求以公有制为主导，要求国家掌握关系经济命脉的产业；另一方面，市场经济要求反对垄断和开展竞争。这二者关系如何合理解决，关系重大。我们看到，2000年10月中央“十五届五中全会”明确提出要打破电力、通讯、民航、铁路四大部门的行业垄断；2001年“十五”计划中又增列了公用事业部门。2005年

“‘十一五’规划纲要”提出了“深化垄断行业改革”，所列七大行业中第一个就是石油。2005年国务院发布的《关于鼓励支持和引导个体私营等非公有经济发展的若干意见》（简称“36条”），明确规定对民间资本开放成品油批发市场。国家对垄断行业的改革，从方向看是正确的，是符合人民要求的。但深化大型国有石油企业的改革，绝非易事，需要深入研究。有一种观点认为，放开石油经营，完全民营化就是石油体制改革的方向。这显然低估了石油行业的特殊性，显然对复杂问题理解过于简单化了。

石油产业发展的历史和现状都表明，石油行业的市场结构既不是完全竞争型的，也不是完全垄断型的，而是垄断和竞争交织的复合型市场结构，其中寡头垄断型占据着基础的地位。首先，石油资源的国家所有或者高度管制，决定了石油行业的基础与完全竞争市场结构不协调。目前，包括中国在内的大多数国家的法律都明确规定地下油气资源归国家所有。国际上通常是通过法律手段，将油气资源使用权委托大型企业尤其是国有石油公司来行使。比如，2000年世界上拥有油气储量最多的10家公司均是国家石油公司，其中沙特、伊拉克、科威特、阿联酋、伊朗和委内瑞拉等6大资源国家石油公司拥有的石油可采储量占世界总储量的70%。所以，石油资源本身是通过国家法律规定而形成了完全垄断。在这个基础上，大多数国家形成的是大型的国家石油公司。有资料反映，目前世界上70多个国家设有国家石油公司，在其中55个主要产油国家中，有40多个国家只设一个石油公司，实行上下游统一经营。当然，作为一个大国，中国不仅是单纯的产油国，而且是仅次于美国的第二大石油消费国，其市场结构有着自己的特点。其次，石油产业生产、炼化、运输和销售四大环节组成了上下游的垂直产业链，这决定了石油市场是分层次的，而不同层次的石油市场有着不同的市场结构。我们看到，在石油勘探和油气开采阶段，可以产生原油和天然气产品，形成相应的原料类的油气市场；石油炼化提供出各类成品油，并相应产出成品油的生产者之间的交易市场；石油运输本身提供了服务市场，而油品与消费者直接联系的营销则形成了庞大的销售市场。生产阶段因资本投入巨大，需要较高的专业技术，勘探风险很高，在许多国家都是由少数大型和特大型企业专门从事原油勘探和开采，其市场结构主要表现为寡头垄断型；炼化阶段，随着技术的发展，各国炼化企业在竞争压力下通过并购和重组联合成大型企业，以节约成本，获得更高的规模经济效益。所以，其市场结构也逐渐向寡头垄断集中。石油产品的运输阶段，因运输手段的不同，表现为不同的市场结构。对于以管道运输为主的国家，由于管道铺设初始投资巨大，具有很强的规模经济性，其市场结构趋向于垄断。对于铁路、公路和水运为主的国家，石油运输阶段的市场结构则趋向于竞争。可以说，石油运输本身就形成了一个垄断和竞争相交织的市场结构。在包括成品油批发和零售的销售阶段，由于同类成品油的差异小，成品油零售终端投资小且数量众多，因此，以加油站为主体的石油销售市场接近于完全竞争类型，但竞争结果可能仍然导致大型企业的主体地位。韩国、日本是石油消费国，原油主要依赖进口。它们通过立法以及设立市场准入资质等手段，对成品油市场采取逐步开放战略。在保护国内石油工业、保障石油供应安全的同时，又保证了成品油市场的有序竞争。韩国使用SK、LG、现代、S－Oil（双龙）四大炼油企业品牌的加油站占95.8%，是一种典型的寡头竞争。日本全国有成品油批发企业11家，其中前3家的市场份额为53%，市场集中度也很高。

正因为石油行业是垄断和竞争交织的复合型市场结构，因此，该垄断的环节要坚持垄断，但必须有法律根据，必须有充分理由，必须有实现何种垄断的具体法规；同样，竞争部分和环节就要充分竞争，形成市场平等竞争的环境和条件，并有法律为保障。

盲目打破所有垄断，肯定要走弯路。放宽市场准入条件是必要的，但放弃入门条件，就失去了市场秩序；打破经营上因行政垄断造成的不公平是必要的，但因此要打破一切垄断包括国家对石油资源的控制或无视国家大型石油企业的规模经济优势则是荒唐的；大型国有石油企业改革管理体制是必要的，但以行政式手段肢解石油企业则是“自毁长城”；优化石油市场结构是必要的，但按照完全竞争型模式改造中国石油市场各层次结构，对国家和人民的长远利益将产生重大负面影响。颇负盛名的现代产业组织理论芝加哥学派认为，经过市场竞争形成的垄断并不构成所谓垄断势力，而是市场趋向长期均衡的结果。只要潜在的竞争者能够自由进出该市场，就能够使具有较高集中度的市场保持较高的效率。据此可认为，我国当前石油市场的高度集中并非坏事，虽然其历史起点因通过行政支持而不是通过市场竞争形成存在着很多非市场化因素，但我们应冷静思考：是从这个起点出发，还是否定这个起点？是“粉身碎骨”还是“脱胎换骨”？社会成本孰高孰低？有识之士当然会做出正确判断。

事实上，当前国际石油市场是寡头垄断市场，没有规模和经济实力的石油企业，根本不可能参与国际石油市场的竞争。一方面，产油国联盟在控制石油产出，OPEC是典型代表，这里体现的是以国家联盟力量为背景的卖方垄断市场。另一方面，参与国际市场竞争的石油企业20世纪90年代以来继续重演着变大变强的历史故事。BP公司以近500亿美元兼并阿莫科公司，埃克森公司以700多亿美元兼并美孚公司。发达国家石油寡头通过并购重组，形成了诸如埃克森美孚、BP、壳牌等超级跨国石油公司。这些巨型跨国公司左右着石油石化行业的市场格局，在各自领域中占据市场主导地位。它们拥有全世界80%以上的石油石化先进技术，2/3以上的贸易量和直接投资额。正当它们挑战中国石油企业之际，我们却简单化地宣传打破石油垄断，鼓吹中国石油大型企业相对小型化，这岂不是“自废武功”，弱化中国石油企业的国际竞争力吗？

因此，现在需要认真分析中国大型石油企业的国际竞争能力，明确在全球竞争格局下的战略思路；不仅要阐述解决近期问题的对策，更要为国家改革石油垄断行业提出自己的定位；不仅要表明对若干种类垄断存在的认识，也要正视行政性垄断对中国石油公司本身造成的弊端，以“壮士断腕”的勇气，明确表示摆脱那些不合理的“行政性垄断”的决心；不仅表明要通过按法规完善与政府关系的态度，还要提出一套与国家及其管理机构形成规范关系的具体政策建议；既要通过合法手段争取勘探和开采的权力，同时也要依法承担保护国家地下石油资源和采油区环境的相应责任；不仅要继续对社会做出义举，更要形成一套在权责对等基础上承担社会义务的选择标准和最佳支持方式；不仅要站在石油市场的全局，分析中石油与中石化、中海油的关系，还要分析与各类新生的石油寡头企业的竞争与合作关系；不仅要向社会阐明自己生存发展的正当性和合法性，也要勇于正视自己管理体制中存在的各种问题……总之，在中国向市场经济转轨的今天，中国石油企业需要脱胎换骨的真正改革，需要用新意识、新眼光、新战略来重塑自己。只有更新、更活、更大、更强，才能应对国际石油巨头的挑战，才能胜任社会主义市场经济的需求。

从这样一种分析框架来看成品油销售市场，我们就会非常清楚地肯定，这是一个竞争激烈的市场，是一个需要以营销取胜的地方。成品油零售行业作为国民经济的血脉以及能源渠道终端，从来没有像今天这么受到国民大众、经济界乃至政府高层的广泛关注和普遍重视。面对成品油零售和批发市场相继放开带来的日益激烈的市场竞争，中国的成品油零售企业应该用什么样的战略思维和眼光来应对未来的挑战？如何打造成品油零售业的核心竞争力，实现企业基业长青？如何借鉴国内外经验，构建中国特色的成品油零售战略体系？这一系列问题都需要引领成品油零售行业的大型企业管理者认真研究和解答。

中国的成品油零售企业要在激烈的市场竞争中立于不败之地，必须有战略思维和眼光。战略管理大师迈克尔·波特认为："战略的本质是抉择、权衡和各适其位。"关系国计民生的现代成品油零售企业的营销竞争必须上升到战略营销的高度。实践表明，运用独特的战略营销理念的企业比不采用战略营销观念的企业更为成功。一个不懂得回顾历史、目光短浅、缺乏未来定位和战略管理能力的公司，在现代市场经济条件下，就像一只没有舵手的船，只能随波逐流而不可能如期到达胜利的彼岸，更不可能成长为基业长青、动力十足的优秀企业。

纵观中外成品油零售行业的发展历程，成品油零售实际上是一门基于资源、网络、服务、品牌和文化的综合性艺术。市场的不确定性、油品的特殊性，决定了成品油零售内涵和外延扩展的必然性；决定了从经验管理到供应链管理、渠道管理、服务管理、品牌管理、文化管理、创新管理层次的深化和提升。对于正在与国际先进水平接轨的中国成品油零售企业而言，基于对市场深刻分析基础上的前瞻性思考，是把握中国成品油未来走向、提升中国成品油零售企业核心竞争力的客观需要，具有重要的经济和学术价值。

作为国内成品油销售企业的领导者之一，景惠同志在成品油分销行业工作20余年，领导、参与中国石油销售企业的发展与变革。他热爱这个行业，并善于和勤于思考，笔耕不缀，先后编著了《中国石油加油站管理规范》、《加油站营销理论与实务》、《中国成品油市场与营销》。本书是作者在充分研究近几年成品油零售市场发展历程和营销实践的基础上，融合现代营销学、管理学、物流理论等学科的最新理论而完成的，不仅以战略的思维和眼光透析了成品油零售行业发展的动力和方向，而且提出了如何应对市场发展与变化的新理论、新观点、新方法，并辅以自己的实际操作经验和案例体会，把理论融会贯通于工作实践之中，用案例和体会解读理论和方式方法，便于读者阅读和理解，虽是一本写营销理论的书，但并不生涩难懂。这本书的面世，是经济理论界一件值得庆贺的事。盛邀之下，我欣然作序。希望本书的出版，能够为从事成品油零售事业的同志们提供有益的帮助，通过大家共同努力促使国内成品油零售企业的竞争力不断提升。

面对日益激烈的竞争压力，为了培育企业的竞争优势和核心竞争力，成品油零售企业需要重新审视未来竞争趋势，争做市场竞争的进攻者、满足需求的创新者、市场有效度的领先者、行业进步的推动者。有着中国石油行业深厚的文化积淀和资源优势，在未来的国际化竞争中，中国的成品油零售企业必将大有作为。

2007 年 3 月 1 日

目录

- 导言 -

企业的核心竞争力建设，必须基于能力建设，特别是核心能力的建设。核心能力建设并不是目标，核心竞争力也不是目标，在竞争中赢得竞争优势，才是最终目的。

- 第1篇 -

竞争优势源于核心竞争力，核心竞争力源于核心能力，而核心能力又取决于企业拥有的资源，包括有形资源和无形资源。核心竞争力是在不断实践、学习和积累的长期过程中形成的，是能够使企业在长期竞争中适应变革、满足需求的综合能力。

-第2篇-

"油荒"不仅是对加油站的危机处理能力的考验，更是对其生存能力的考验，第一次石油危机中，美国有1万余座加油站因无油可卖而关闭。英国著名的供应链专家马丁·克里斯朵夫教授指出："21世纪的竞争，是供应链与供应链之间的竞争，是反应速度的竞争"。

-第3篇-

接近顾客并满足顾客是销售企业的生存之本。成品油零售网络就像运输网，为更多的优质客户运送更多的货物，获取更多的收益，是网络价值不断增值的体现。以零

定目标市场和价值创造取向。不同的营销观导致不同的竞争行为。营销部门无法单独创造价值并达成可获利地营造顾客满意的目标，必须与其他部门密切配合，实施整合营销，实现由营销产品向营销企业、营销品牌的转变。

-第6篇-

现代加油站的竞争不仅要销售高质量商品，而且销售高质量的服务和满意。市场的竞争就是对客户的竞争，是否拥有客户不仅取决于所提供的产品与服务，而且取决于加油站与客户的关系状况，良好的客户关系是制胜终端的竞争利器。

-第7篇-

品牌是顾客对企业及其产品的综合感性认识。顾客对品牌的忠诚可以超越产品本身和时空的限制，品牌的知名度和美誉度是跨区域、多元化经营的基础。品牌知名度可以通过广告轰炸做到路人皆知，但只能吸引眼球；只有品牌美誉度才能树立口碑，吸引顾客上门消费并形成品牌偏好。

－第8篇－

21世纪的竞争，最根本的是人才的竞争，是文化的竞争。没有文化的企业，如同没有灵魂的人，将难以抵御市场竞争的诱惑和陷阱。“企业文化对企业长期经营业绩有着重要的作用，在下一个10年内企业文化很可能成为决定企业兴衰的关键因素（约翰·科特）”。

导言

基于能力，至于优势

企业的核心竞争力建设，必须基于能力建设，特别是核心能力的建设。核心能力建设并不是目标，核心竞争力也不是目标，在竞争中赢得竞争优势，才是最终目的。

国内成品油零售市场正经历着由资源竞争向网络竞争、由批发竞争向零售竞争、由产品竞争向服务竞争、由价格竞争向品牌竞争、由国内竞争向国际化竞争的转变。在转变过程中，企业的核心竞争力越来越成为关注的焦点，成为决定未来竞争格局与发展趋势的关键因素。

核心竞争力的概念是由管理学家布罗哈德和哈默在1990年的《哈佛商业评论》中的《企业的核心竞争力》一文中提出的，即“核心竞争力是在一组织内部经过整合了的知识和技能，尤其是关于怎样协调多种生产技能和整合不同技术的知识和技能”。这种“知识和技能”的优劣形成竞争优势。

在布罗哈德和哈默看来，核心竞争力首先应该能为企业提供进入不同市场的潜力。其次，核心竞争力对最终产品的顾客价值贡献巨大。最后，一个企业的核心竞争力应该是难以被竞争对手模仿和复制的。

在现代市场经济条件下，没有核心竞争力就意味着没有竞争优势，就意味着被顾客所抛弃、被市场所淘汰。当前，企业核心竞争力建设中，应主要着眼于企业自身能力的成长和竞争力的提高，其重点是企业内部资源的有效整合，从而培育独特的、具有持续竞争优势的能力。

20世纪90年代初期核心竞争力管理理念引入中国后，引起了中国企业界的认同和反思，特别是对于在业务多元化扩张中陷入困境的企业无疑是一副清醒剂。深圳万科集团基于对核心业务与核心竞争力建设的思考，于1993年提出了做“减法”的战略转变，把贸易公司、广告公司、百货业等多元化产业卖掉，专注于打造在房地产开发方面的核心竞争力。时至今日，

万科房地产已成为业界公认的名牌。

但众多企业的实践表明，核心业务不等于核心竞争力。从多元化回归核心业务并不等于自然就有了核心竞争力。公司集中资源从事某一领域的专业化经营，可以加速形成在管理、技术、产品、销售和服务等多方面的业务能力，并实现与竞争对手的差异化，但这些业务能力也只能称之为核心能力，是构成企业核心竞争力的基础要素。

虽然现在很多中国企业都在强调核心竞争力建设，但由于对核心竞争力概念提出的理论背景、核心竞争力的构成要素及形成过程等存在不同理解，导致许多企业在核心竞争力建设中陷入误区。

那么，究竟应如何理解核心竞争力的概念？又应该如何将核心竞争力的概念应用到成品油零售行业？

基于我们对中国企业实践的了解和对核心竞争力概念提出寓意的理解，我们认为，应从核心能力、核心竞争力和竞争优势三个层面理解核心竞争力的内涵和外延。

核心能力

核心能力是企业能做好的方面，亦即企业能做什么，是企业的内部比较优势。

如某通讯企业，在本企业产品价格高于竞争对手的情况下仍能占据稳定的市场份额，其营销能力是其核心能力，但企业并未因此而形成核心竞争力。

事实证明，核心能力不等于核心竞争力。

核心竞争力

核心竞争力是通过对内部核心能力的整合来满足市场需求的能力，亦即“顾客要求企业做什么”。

大家熟知的海尔，虽然不是在所有的方面都有竞争力，但其在创造性地满足市场需求、关怀顾客方面形成的核心竞争力，是其竞争优势的保证。仅有核心能力并不一定能获得竞争优势，只有通过组织内部知识和技能的整合，才能形成赢得竞争优势的核心竞争力，核心竞争力是核心能力的整合与提升。

竞争优势

竞争优势是企业核心竞争力的比较优势，即“一个企业比竞争对手更擅长做什么”，竞争优势表明企业的核心竞争力能够支撑企业比竞争对手更快、更新、更好地满足顾客。

中国石油与中国石化都是上下游一体化的石油公司，都具有适应市场变化、满足市场需求的核心竞争力，但就比较优势而言，中国石油在上游竞争优势较强，中国石化在中下游竞争优势明显。

三者的关系

核心能力是核心竞争力的构成要素，核心竞争力是核心能力的有效整合。核心能力不等于核心竞争力，但没有核心能力必然无法形成核心竞争力。虽然戴尔公司没有个人电脑的核心技术，但其对供应链管理、成本控制、定制化的产品与客户服务的整合能力使其形成与众不同的核心竞争力赢得竞争优势。核心竞争力不是单一的核心能力，更不是相互冲突的核心能力的集合，核心竞争力是核心能力的有机整合，即以市场为中心、以顾客为导向、彼此衔接匹配的核心能力集成。核心竞争力就如同木桶原理，其容量不取决于最长的木板，而是所有木板的整合。

核心竞争力并不一定能自然而然地形成竞争优势，只有核心竞争力的超越性、独特性和不可复制性带来竞争优势。

Intel公司的核心竞争力是技术创新能力，其带来的技术领先优势使其成为业界无人能撼的大树。能力是指企业能做什么，竞争优势是企业基于核心能力处于有利的竞争位置。核心

竞争力的持恒性造就了企业可竞争优势的持续性，企业可持续竞争优势之“根源”是企业核心竞争力。

核心能力、核心竞争力与竞争优势的关系，可以通过下述比拟来进一步理解。在岗位竞聘中，如果说某一个人有特长，我们可以称之为有核心能力，但其特长并不一定与岗位需求的能力相符；只有竞聘者的综合能力符合岗位竞聘的要求，换句话说，就是具备了工作岗位所需的能力，我们才说其有资格或有能力参加竞聘，即具有核心竞争力；而要想在竞争中获胜，竞聘者的综合能力必须比竞争对手更强，更能满足岗位的需要，我们称之为有竞争优势。

在企业核心竞争力建设过程中，与其舍本求末建设核心竞争力，不如研究构成成品油零售行业核心竞争力的核心能力，把重点放在核心能力的建设上、放在基础环节上，经过一定时期的积累形成竞争优势。

企业的核心竞争力建设，必须基于能力建设，特别是核心能力的建设，而能力建设并不是目标，核心竞争力也不是目标，在竞争中赢得竞争优势，才是最终目的。

第1篇

核心能力与核心竞争力
——竞争基础

竞争优势源于核心竞争力，核心竞争力源于核心能力，而核心能力又取决于企业拥有的资源，包括有形资源和无形资源。

核心竞争力是在不断实践、学习和积累的长期过程中形成的，是能够使企业在长期竞争中适应变革、满足需求的综合能力。

研究成品油零售行业的核心能力和核心竞争力，首先要了解研究成品油零售行业的基本特征和业务关键点，才能找出影响行业发展的关键因素，发现推动成品油零售行业发展的原动力。

成品油零售业的行业性质

成品油零售行业是零售业

成品油零售行业的基本业态与其他的零售业没有区别，都是经由生产厂家、批发商、零售商各环节的衔接将产品销售给顾客消费，其他零售业适用的组织形式、营销策略同样适用于成品油零售行业。

作为零售业，成品油零售业完全可以、也应该向其他零售业学习，借鉴零售行业的供应链管理、卖场管理、广告促销、连锁经营、客户关系管理等成功经验。

同时，既然是零售业，就不应受到成品油单一商品的限制。只要顾客有需求，卖什么商品并不重要，重要的是在满足顾客一站式需求的同时获得更多的赢利。因此，国外加油站开设便利店、快餐店等关联业务也在情理之中。

在国外的加油站中，成品油只是所经营的众多商品中的一种而已。油品的进销存管理与便利店的其他商品并无本质上的不同，都纳入到统一的信息管理系统运行。目前，国外加油站

已出现了以油吸引顾客、以非油业务获利的趋势。

成品油零售行业是服务业

服务是指在顾客购买产品过程中所提供的各种便利和帮助，从这个意义上讲，除了无人值守的加油站外，都存在为顾客提供服务的义务。因此可以说，成品油零售同时也是服务业。

早期的原始加油站不仅售卖油品，而且要有三个人合作才能把油加入顾客的汽车，这个过程就是服务。这就像我们今天到加油站购买桶装润滑油，如果顾客购买以后自己回家换油，那么加油站提供的就只是零售业务；但如果加油站还免费为购买润滑油的顾客换油，那么加油站就在商品销售之外提供了服务。因此，我们可以说加油站的核心业务是“销售+服务”。虽然现在的加油站不再需要三个工作人员为顾客手工加油，甚至出现自助加油，但加油站的服务功能并没有消失，而是转为提供其他相关服务，如免费擦洗风挡玻璃、燃油选用咨询、相关商品推荐、车辆保养、快餐等各种顾客需要的便利性措施。

作为服务行业，成品油零售行业可以在售卖不同种类商品以外，为顾客提供更多的优质服务，如汽车美容养护、车险代理、汽车救援、快餐等。对于汽车迅速普及的国内大中城市的非专业司机，增加相关服务是赢得顾客、获得增值利润的重要途径。

成品油是一种特殊的商品

成品油作为商品的特殊性表现为高危险性和高社会性。

高危险性表现在成品油的易燃、易爆性。高危险性要求批

发零售环节必须有符合安全规范的专用经营场地和设施，必须有政府部门的行政审批和监管。

一方面，高危险性提高了成品油零售行业的准入门槛，有助于防范社会资本的无序涌入，避免过度竞争；但同时，高危险性对网络的扩张也设置了许多限制。另一方面，高危险性对场地、专用设备设施的高要求也降低了行业内资产向行业外流动的可能性，使资产固化在行业内（边远地区的低效亏损加油站只能关闭废弃），强化了行业内部的恶性竞争。

高社会性体现在成品油关系国计民生，是社会生活正常运行的保障。高社会性要求成品油零售业必须受到适度监管，特别是地理分布、价格、品质、环保等方面。

成品油是一种特殊的商品，但只要符合条件，其他零售商也可以申请销售，国外超市与便利店建加油站的趋势就是最好的证明。

成品油零售业务的关键环节

成品油零售业务的功能定位与核心流程决定了影响行业核心竞争力的核心点和关键环节（参见下图1－1）。

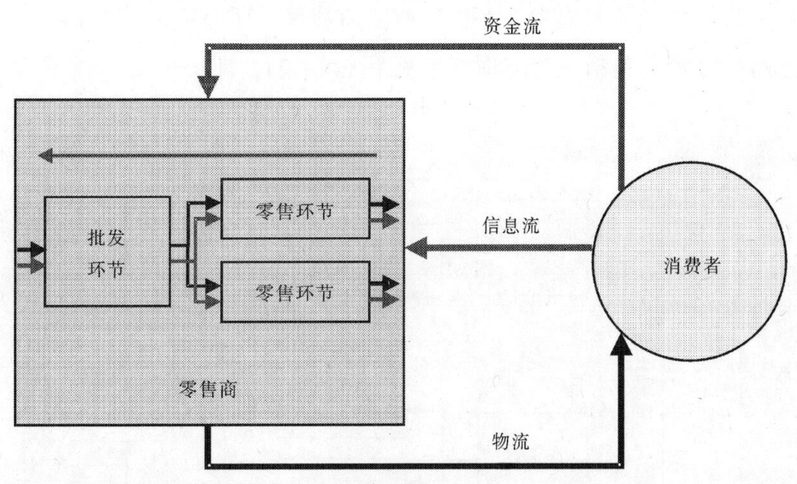

图1－1

零售企业与消费者的互动过程分析

从零售企业与消费者的互动过程分析，零售业务的核心流程包括三个方面，即：

①信息流——表明顾客需要什么、需要多少、何时需要等。信息流的关键点是信息的获取、流向、结点及信息处理。

②资金流——表明顾客是否按约定付款。

③物流——表明顾客是否按约定时间、地点、数质量得到物品。

上述三个核心流程向后延伸到零售企业内部的储运、批发配送、零售等环节，并一直延伸到供应商（或炼厂）。

企业、消费者与供应商间的管理界面分析

从零售企业与消费者和供应商间的管理界面分析，零售业务的核心管理包括三个方面（参见下图1-2），即：

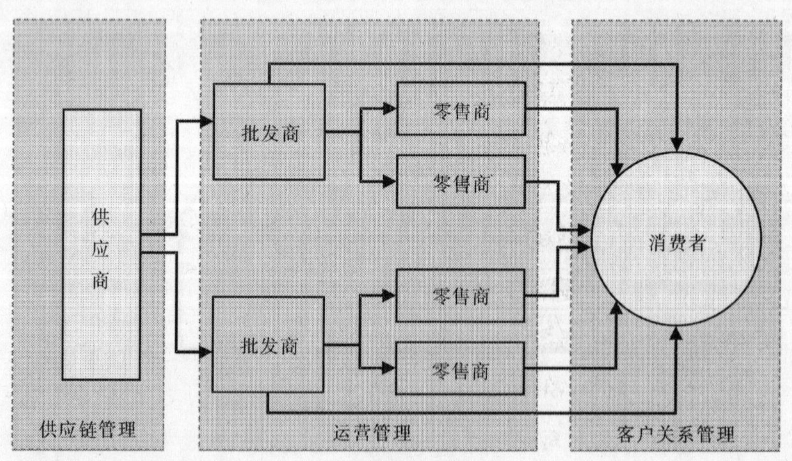

图1-2

①内部管理（运营管理）——以提高效率、降低成本、改善质量为目标的过程管理，包括网络建设（关注营销渠道及效能）、信息化系统（关注信息的时效性、准确性、安全性与匹配性）、组织管理（关注组织功能与结构）、人力资源管理（关注人员配置与发展）、企业文化（关注企业与员工的理念、行为）等。

②后向管理（供应链管理）——以提高资源控制力为目标，关注资源的有效获取。

③前向管理（客户关系管理）——以在满足顾客需求前提下建立特定价值倾向的联系为目标，关注为顾客创造的价值。包括营销、顾客服务和客户关系管理。

零售企业与外部环境互动分析

从零售企业与外部环境互动过程分析，对外部环境的适应能力体现为企业的战略管理能力，即：

战略管理——通过对社会发展与行业变革的预见性提高企业应变能力，关注企业与环境的互动（参见下图1－3）。

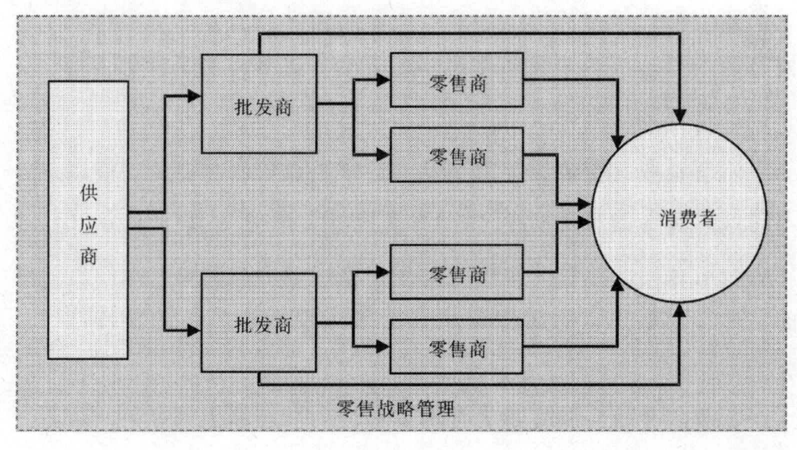

图1－3

成品油零售行业的核心能力分析

按企业核心能力的普遍性和特殊性来划分，我们可以将企业的核心能力分为同质性的行业关键能力和差异性的企业独特能力两大类。

所谓行业关键能力，是指在一个行业中所有企业都应具有的普遍能力，是在行业中生存所必备的。不同行业对企业基本运作能力要求相差甚远。如家电产业的新产品开发能力和售后服务能力、石油公司的勘探开发能力等。具备行业关键能力是企业参与竞争的基础。

所谓企业独特能力，就是其他竞争企业所不具备的、或以不同形式表现的核心能力，如专有技术、知名品牌、企业文化、特定资源等。Intel公司的芯片、可口可乐的配方、麦当劳的品牌、兰德公司的脑库等都是竞争对手无法模仿的独特能力。

企业的竞争，归根结底是经过整合的核心能力的竞争。单个方面的核心能力不能转化为核心竞争力。

成品油零售行业百年发展史向我们展示了资源与配送、网络建设等行业关键能力对行业发展的推动作用，而跨国石油公司零售竞争发展的历史也揭示了品牌、创新、客户服务等企业独特能力对于获得竞争优势的重要性。

基于国内成品油零售市场未来一段时期内资源供需矛盾加剧的总体趋势和国际化竞争日益升级的现状，我们认为，国内成品油零售企业必须在行业关键能力和企业独特能力两大方面强化能力建设。

行业关键能力

作为成品油零售企业，无论是只拥有一座加油站，还是像中国石油、中国石化这样拥有上万座加油站的上下游一体化石油公司，在成品油零售市场上竞争所必备的基本生存条件是相同的——首先要手中有油，其次要有门市卖油。这些共性的基本生存条件构成了行业关键能力，即：

资源获取及配送能力——拥有顾客所需要的产品，无论自产或外购。

网络开发与优化能力——能够接近顾客以推销顾客所需要的产品，无论上门推销或坐等顾客上门。

行业关键能力是企业立足于成品油零售市场的必备能力，是行业中所有企业都应具备的基本能力，是加油站生存的先决条件。

关键能力 1：资源获取及配送能力

资源获取及配送能力表明企业拥有顾客所需要的产品。

加油站网络就像一条运输管道，通过输送客户需要的能源

等物资为客户创造价值并获得相应的利润。加油站如果不能获得稳定的资源，企业将无货可运、无利可获。在目前国内成品油资源供给不稳定的情况下，拥有资源获取及配送能力，是成品油零售企业生存的关键。

1973年第四次中东战争爆发后触发的“第一次石油危机”，使如何得到足够的油品维持油站的运营成为了成品油零售企业的生存考验。由于没有油品来源，众多的个体油站被迫关闭。仅1973年，全美国就有超过1万个加油站关闭，缺乏资源保障能力的个体油站纷纷关闭、转让甚至遗弃。而中国石油、中国石化前一段时期网络快速扩张也主要得益于对资源的控制。

虽然中国石油拥有上游资源优势，但与市场需求不相适应的品种结构性短缺和区域性短缺，影响了末端加油站的资源获取能力。

同时，由于国内成品油运输主要依赖铁路和公路运输，运输能力的瓶颈成为制约资源保障的又一主要因素。

从资源保障角度分析，影响加油站正常营业的因素主要有油源短缺和配送中断。

关键能力2：网络开发与优化能力

网络开发与优化能力表明企业能够接近顾客推销顾客所需要的产品。

接近顾客并满足顾客是企业竞争的主要途径。成品油的产品特性决定了零售网络的重要性。成品油的高危险性、高挥发性和不易储运特性决定了加油站网点的不可替代性，而车辆前往加油站加油的路程成本是消费者就近选择加油站的一个重要

因素。

因此，占有优势地理位置、合理布局并形成接近顾客的零售网络是成品油零售企业竞争的重要核心能力。

对于城区和高速公路，由于网点布局具有排他性，网络的价值更是无可替代。随着我国路网建设和城市改造及新区发展，对加油站网点进行优化的压力也日益突出。中国石化于2004年宣布关闭一千余座低效加油站就是应对市场环境变化而进行的积极网络优化行动。

以加油站网络布局和油品配送合理化、高效化为特征的网络优化能力是大石油公司实现规模效益的重要途径。跨国石油公司通过资产置换、租赁经营、出售、委托经营、特许经营等形式不断调整网络布局，实现网络的优化。网络开发与优化能力是跨国石油公司实现可持续发展必备的核心能力。

只有具备上述行业关键能力的企业方能进入成品油零售行业参与竞争，美国的便利店与大型超市进入成品油零售行业就是非常好的例证。而不具备上述行业关键能力或能力薄弱的企业，必将被行业所淘汰。

企业独特能力

企业独特能力是差别化营销的基础，是表现企业与众不同的方面。成品油零售企业的独特能力应包括未来预见性、市场营销、品牌建设、企业文化、价值创造、顾客保留、创新和人力资本开发等方面的能力。

独特能力1：未来预见性

变化是当今市场竞争不变的特征，适应变化、预见变化是

企业超越竞争、获得竞争优势的重要能力。

对未来技术发展方向的预见性、对未来消费者消费需求变化的预见性、对未来社会政治经济文化发展趋势的预见性是决定企业能否成为领导型企业的关键，是决定企业可持续发展远景的战略思维。

改革开放之初，由于国外汽车厂商对中国汽车市场前景的不同认识，导致不同的投资战略与不同的结果。德国大众汽车公司高瞻远瞩的未来预见性使其积极参与中国的汽车工业发展，并在其他竞争对手不以为然的时候完成了南北战略布局，成长为国民喜爱的知名品牌，成为中国汽车市场的领导者和最大赢家。

与此相对照的是某跨国汽车公司由于缺乏对中国汽车市场发展远景的预见性而实施短期行为，通过转移落后车型、提高进口零部件价格转移利润等形式侵蚀合资企业利益而最终导致合资企业瓦解，待其真正认识到中国汽车市场的价值而二次进入中国时，只能从新开始而望其项背。

石油作为不可再生资源，总有耗尽之日。届时，世界的能源结构将如何改变？路上行驶的车辆将以何为动力？加油站是否还会存在？核心业务将如何演变？应如何未雨绸缪、提前应对？

作为主要为汽车提供能源服务的成品油零售企业，对未来汽车能源技术发展的预见性和社会经济发展水平及人们生活方式变化的预见性是企业战略规划的基础。

古人云，预则立，不预则废。对未来发展趋势及行业发展方向的洞察力可为企业赢得先机，国内曾经风光一时、安于现状的寻呼业的衰败已经为我们提供了警示。

独特能力2：营销能力

市场营销，就是通过与顾客建立有特定价值倾向的关系，可获利地营造顾客满意（科特勒）。市场营销的实质，就是以市场为中心、以客户为本，通过识别顾客的需要和欲望，确定企业所能提供产品与服务的目标市场，并且设计适当的产品和服务以满足目标市场的需求，实现企业的赢利目标。

市场营销是企业的一项基本职能，涉及企业内外部相关部门的协调配合。

市场营销能力主要体现在外部营销能力、互动营销能力和内部营销能力三个方面。即：

①外部营销能力。外部营销是指企业利用各种传媒手段直接向现实消费者及潜在消费者传递企业信息，扩大企业知名度、影响消费者的消费行为的过程，亦即拉动式营销。

企业通过外部营销活动，使顾客对企业的产品和生产经营活动有深入的了解和信心，增强消费者的购买欲望，进而主动寻找企业的产品。

广告、公共关系、社会公益活动等是常见的外部营销，中国石油赞助的警察汽车拉力赛和出版司机地图册、中国石化对F1赛事的赞助等都是成功的范例。

②互动营销能力。互动营销是指企业营销人员通过与顾客的互动把相关的信息传递给目标顾客，激发其购买欲望，并促成其购买行为的过程，是推动式营销。商场的导购员、石油公司的销售代表的职责是典型的互动营销。互动营销能力包括购物环境、服务态度和营销技能。

③内部营销能力。内部营销是指企业内部各部门间的相互

配合与支持，共同为顾客提供满意的产品与服务。

市场营销过程是一个价值传递过程，涉及资源的采购、配送、分销到售后服务的衔接，需要信息流、资金流、物流的协调，把顾客的需求有效地反馈给企业内部相关部门，把顾客所需要的产品与服务及时准确地交付给顾客，是企业内部营销能力的体现。

市场营销要求组织内的每个人都“想顾客所想”，并尽其所能地帮助营造并交付优质的顾客价值和满意。

独特能力 3：客户保留能力

表明企业能够通过以产品销售为载体的客户服务使顾客获得满足，为顾客创造价值，营造顾客满意。包括客户关怀与客户保留两个方面。

客户关怀，则主要体现在售前关怀与售后服务环节，体现在对不购买产品的顾客的态度与服务上。麦当劳在有条件的快餐店留出后门方便不购物顾客免费使用卫生间和免费换公交月票、航空公司订票自动累计里程积分、加油站免费提供茶水、家用电器免费售后服务、汽车质量招回等，都是客户关怀的具体体现。

售前关怀体现了一个企业对待消费者的态度和开发潜在客户的能力，售后服务体现了一个企业的责任感和与顾客的特定联系。

客户保留亦即客户维护能力。企业以品牌营销和客户关系管理留住顾客，使顾客成为忠诚顾客，如海尔的品牌和售后服务。提高客户保持能力的目标是为了提高顾客的忠诚度和抵御竞争对手对顾客的拉拢，稳固市场份额。

提高客户保持能力，就是最大限度地开发顾客生命周期的价值，通过提高顾客满意度使顾客不断光顾和消费，绝不轻易得罪和放弃每一个顾客。美国塔克·贝尔公司认为，其忠实顾客的“顾客购物生命周期价值”（即顾客一生中都在塔克·贝尔消费的累计消费额）超过 12 000 美元。

营销始于顾客进入加油站之前，并延续到顾客离开加油站。客户关系管理就是建立与客户的特定价值倾向的关系，是由营销产品向营销企业转变。

网络建设是接近顾客，而客户服务是满足顾客。虽然总体上成品油资源偏紧，但对于单个油站而言，则是完全的买方市场。顾客不仅要获得质优量足的油品，也需要满意的过程服务。在油品日益同质的竞争形势下，品牌与服务就成为成品油零售企业吸引顾客的主要竞争手段，而通过满足客户树立口碑就成为最重要的促销途径。

独特能力 4：品牌建设能力

品牌建设能力，既赋予品牌内涵和品牌管理能力。品牌是顾客对企业及其产品的认知，是顾客基于自身体验与他人口碑的综合感性认识。是企业的无形资产。顾客对品牌的忠诚可以超越产品本身和时空的限制，品牌的知名度和美誉度是跨区域、多元化经营的基础。

品牌并不是一成不变的，需要适应顾客消费偏好与外部环境变化而赋予新的内涵，如 BP 公司顺应环保潮流而定位洁净能源的品牌策略。

品牌标志、名称等是品牌的外在部分，更重要的是它的深层次的内涵。

品牌直观地表现为企业的外在形象，实质上是消费者对企业理念、行为、外在形象以及产品和服务质量的综合感知和认可程度。对消费者而言，品牌是消费者对一个企业、一个产品所有期望的总结，是消费者在情感上和价值上对品牌的认同；对企业而言，品牌是企业向目标市场传递企业形象、企业文化、产品理念等有效要素并和目标群体建立稳固关系的一种载体和一种产品品质的担保及履行职责的承诺。

品牌从本质是通过鲜明的个性特征，带来更大的利益和感情回报，反映一种品牌经营者与消费者一种共同价值观，体现不同凡响的个性品质。

品牌以产品或服务为载体，但比产品和服务有更高、更长久的价值；品牌以注册商标为标志，但比商标有更强的传播力。良好品牌具有美好的形象、鲜明的个性、独特的文化、并形成巨大的无形价值。

品牌以其知名度、信誉度、忠诚度稳定产品价值、增强市场适应性，为企业带来稳定的收入的同时，还以其价位和性能比方面的优势，为企业获得更大的销量和更多的利润。品牌知名度可以通过大量的广告做到人人皆知，但只能吸引眼球；而品牌的美誉度必须靠品牌内涵获得顾客的认同，美誉度才能吸引顾客购买产品和服务。

强势品牌所固有的高附加值和巨大的无形资产，所带来的巨大增值优势是一般产品和企业所无法企及的。据英国国际品牌组织的分析，现在企业价值的源泉中，品牌、技术、服务等无形资产占70%以上。在市场竞争中，品牌能够为企业带来积极效果和反应，形成巨大的优势。包括：竞争优势、扩张优势、增值优势。

目前国内成品油零售市场的全国性品牌主要有中国石化和中国石油，而民营和个体加油站基本没有品牌号召力，也可以说基本上没有品牌核心能力。跨国石油公司则凭借先期润滑油品牌营造的品牌形象在零售市场迅速获得顾客的认同，是国内零售企业的主要挑战和威胁。

独特能力5：企业文化建设能力

企业管理经历了经验管理、科学管理和文化管理三个阶段，在产品日益同质化、技术日新月异、信息技术高度发达、人员流动日益频繁、社会变迁加速的时代，企业间的学习模仿越来越普遍，核心能力的模仿周期越来越短。海尔作为中国成功企业的代表，已成为众多企业学习研究的对象。每天到海尔参观学习的企业人员如过江之鲫，但真正能学成正果的寥寥无几，其根本原因是海尔的企业文化无法克隆复制。因此，可以说企业文化是可以借鉴、但无法复制的核心能力。

21世纪的企业竞争，归根到底是人才与文化的竞争，没有文化的企业，如同没有灵魂的人，不可能健康发展；没有文化的员工，就如同散兵游勇，不堪一击。

企业文化是一个企业赖以开拓市场、应对变革、持续完善、不断创新的真正财富。中油销售公司结合销售业务特点所倡导的“铁人文化、顾客满意文化、安全文化、执行文化、团队协作文化、学习创新文化”的要求，是中国石油“诚信、创新、业绩、和谐、安全”的经营理念与“一切为了顾客、一切为了经营，持续满足消费者需求”和“以人为本、满意的服务来自满意的员工”的认识的有机结合，是培养忠诚的客户群体和满意的员工队伍的必然要求。

企业文化主要包括理念文化和制度文化，理念文化确立企业的价值观并规范企业的行为，是企业成为遵纪守法、有社会责任感、为社会创造财富、对利益相关者负责的企业；制度文化规范员工的行为。企业文化是顾客对企业的深层了解。

把企业建成一个学习型、创造型、和谐互利型、富有责任感的企业是企业文化建设的长期目标。

独特能力 6：人力资本开发能力

成品油零售业的主营业务是物流加服务。物流效率的提高、服务的改进都取决于提供服务的人员素质，取决于企业的人力资本。芝加哥第一国民银行执行副总裁 Jim Alef 曾说过，“如果你看一看刚过去的 10 年中能够保持竞争优势的资源，就会明白唯一能够保留下来的就是为你工作的人的质量”。

企业所有的资源都要由人力资源来整合实施，人的积极性和创造性是赢得长期竞争优势的决定因素。企业不仅要把人作为竞争性的资源进行开发，更应作为最重要的战略资本进行投资，以不断提高人力资本的价值创造能力。成品油零售业点多面广、互动服务及高风险的特性要求企业必须重视人力资源的开发与管理。拥有一支责任心强、适应竞争环境变化、善于与顾客沟通、服务规范的人力资源队伍，是安全运营的保证。

人力资本开发能力包括人员招聘、工作分析、薪酬激励、绩效管理、人员培训、职业生涯管理等职能工作。

对于快速扩张和转型的中国石油和中国石化来说，吸引、培养和激励大批懂业务、会经营、通管理、善沟通、有理想、勤学习的各级管理人员，特别是加油站经理和片区经理，是提升企业核心竞争力的重要载体；而通过构建科学、有效、全员

的培训体制提高人员素质和业务技能是不断提升人力资本的根本途径。

从基层做起，加强人力资本开发，不仅可以为基层员工提供职业发展通道，提高员工忠诚度，也是挖掘人力资本潜力、培养高级管理人才的最佳途径，麦当劳、UPS联邦快递公司的总裁都是从最基层实干成长起来的，是值得我们学习借鉴的。

独特能力7：创新能力

管理学家德鲁克认为，创新就是赋予资源以新的创造财富能力的行为，包括技术创新（即在自然界中为某种自然物找到新的应用，并赋予新的经济价值）和社会创新（即在经济与社会中创造一种新的管理机构、管理方式和管理手段，从而在资源配置中取得很大的经济价值和社会价值）。

创新是一项新的转变的商业化过程，是基于企业未来预见性基础上的主动应变，是未来预见性的配套实施能力。

具有未来预见性和创新能力的企业引领行业的发展并获得超额利润；缺乏未来预见性和创新能力的企业只能跟随行业的变革而获得社会平均利润。具有未来预见性和创新能力的企业以创新的管理、产品和服务赢得先发优势；缺乏未来预见性和创新能力的企业只能后知后觉地通过降低成本打价格战生存，国内家电电视机行业与日本电视机厂家的竞争已经诠释了这一普遍规律。

创新的商业化过程包含四个方面，即：新技术的应用；新的生产与服务形式；新的市场开拓和新型组织形式的引入。

中国石油的配送体制改革、片区管理体制的建立是新型组织形式的引入。加油站引入高标号汽油的销售可以归为新产品

开发。而加油站开发便利店、汽车美容保养服务、保险代理业务等则属新商务开发。

纵观加油站百年发展历史，创造性地满足顾客对便利性与舒适性的追求是行业发展变革的驱动力。

如何构建核心竞争力

企业核心竞争力的源流理论认为，企业的竞争优势源于企业核心竞争力，核心竞争力又源于核心能力，而核心能力又源于企业拥有的资源，包括有形资源和无形资源，企业所拥有的资源的战略价值取决于其对核心竞争力的贡献程度，单一资源无法支撑核心竞争力。

企业的核心能力是通过整合资源以实现某一特定目标的能力，是以特定知识为基础对资源进行整合的技能，因此，首要因素是组织的知识和技能。能力的反复运用会不断得到强化，增强其战略价值。

企业的核心竞争力是在不断实践、学习和积累的长期过程中形成的，是能够使企业在长期竞争中适应变革、满足需求的综合能力。

建设企业核心竞争力，首要任务是强化企业的核心能力。

强化行业关键能力

行业关键能力是企业参与竞争、不被市场所淘汰的基础能

力。如国内的电视机行业，降低成本、参与价格竞争的能力是行业关键能力。而成品油零售行业的资源获得能力在现阶段是决定性的关键能力。具备行业关键能力，就是获得市场竞争的资格，是发展企业核心竞争力的基础。在行业竞争中，具备行业关键能力，就具备了参加竞赛的资格。对于目前的中国的成品油零售行业而言，资源的获得能力、网络的开发控制能力是行业关键能力。

具备行业关键能力是实施低成本战略和客户导向战略的前提。

发展企业独特能力

独特能力是企业与众不同的方面，是企业实施差异化战略的前提，中国石油销售公司提出的“人无我有、人有我优、人优我细、人细我变”的服务方针就是基于企业独特能力的选择。同样，中国石油整合统一标识的行动也是强化品牌独特能力的重要战略步骤。发展企业的独特能力必须以行业关键能力为基础，否则，犹如沙滩上的大厦，将会根基不稳，难以应对行业风险。对于中国石油零售业务而言，应在巩固资源、完善网络、规范服务的基础上，强化战略研究与知识管理，提高未来预见性、品牌文化、管理创新和人力资本开发等方面的独特能力。

只有发展企业独特能力，才能在竞赛中领跑并有希望获得冠军。

建设核心竞争力，形成竞争优势

拥有顾客，就拥有市场。满足顾客的基本需求的企业，只

能获得平均利润，而创造性地满足顾客需求的企业，才能够获得超额利润，赢得先发优势。只有基于独特能力的核心竞争力才能成为竞争优势之源。企业只有通过不断提升核心能力，使竞争对手无法模仿或增加模仿成本时，企业的竞争优势才能成为可持续性的竞争优势。

企业并不能做到所有的能力都是最强的，也不需要做全能冠军，只要在核心能力上优于主要竞争对手，就可以获得竞争优势。核心能力造就核心竞争力，核心竞争力带来竞争优势，竞争优势实现企业赢利目标。

第2篇

资源获取及配送
——供应链管理

“油荒”不仅是对加油站的危机处理能力的考验，更是对其生存能力的考验。第一次石油危机中，美国有 1 万余座加油站因无油可卖而关闭。

英国著名的供应链专家马丁·克里斯朵夫教授指出：“21 世纪的竞争，是供应链与供应链之间的竞争，是反应速度的竞争”。

2005年8月份，广东地区出现了有史以来最为严重的“油荒”，排队加油的车龙堵塞了交通要道，甚至排上了高速公路，情形颇为“壮观”。发改委、商务部等紧急应对，两大集团通力配合，基本缓解了这场“危机”。但“油荒”过后，有些问题值得我们深思。

“危机”的根源——资源供给安全

近年来，中国的国民经济快速发展，成品油需求持续较快地增长。2004年国内成品油的表观消费量跨越式地增长了19.1%。在消费增长的同时，国际油价持续走高，由2003年5月的25美元上升到70美元，上升了180%。国家考虑到社会承受能力和宏观调控等因素，改变了原有的国内成品油价格与国际市场的接轨方式，变成根据国际油价、经济形势、社会承受力等综合因素调整国内价格，对经济平衡运行起到了比较好的作用。

但是，2005年4月份以来，由于国际油价增长过快，国际、国内市场成品油价格差距逐步拉大，形成原油与成品油价格倒挂、加工亏损的形势。以9月份为例，大庆原油和成品油价格倒挂300元/吨，加工原油生产汽柴油每吨要亏损1 400元左右。

在此情况下，炼厂的加工积极性受到一定程度的影响。2005年前8个月，石油、石化集团的加工量分别增长8.9%和

3.95%。地方炼厂多数选择减产或停产，产量降低了18.72%。在成品油方面，前8个月成品油产量11 254万吨，同比增加688万吨，进口减少127万吨，出口增加164万吨，国内市场投放量为10 756万吨，仅增长3.8%，低于消费增长率。

同时，受到入境走私消失、港澳车辆到国内加油、国际航班和远洋货轮以国内加油为主等，也加剧了供求矛盾。据报道，国资委主任李荣融在2005年9月25日表示："成品油走私出境是造成广东'油荒'的主要原因，中国每天走私的成品油大约有1 200吨。以前是流入内地，而今年香港油价是内地的2.5到3倍，每天又有同样多的油流出内地。"考虑到这些因素，实际进入市场的资源还要少。

炼油能力不足也是重要原因之一，2004年，我国成品油表观消费量达到15 706万吨，比1999年增长50.6%，比1995年增长115%。同时，炼油能力增长相对缓慢，据统计，全国炼油装置一次加工能力由1999年的2.63亿吨增长到3.15亿吨，仅增长19.8%，而且规模小、工艺水平低，大型炼厂的能力不足，使供给在应对市场变化时显得力不从心。

市场对资源安全的冲击

在国际油价不断高涨的情况下，对供应和高成本的担心也与日俱增，消费者提高库存的欲望不断加强。同样原因，供应者也加强对销售的控制，减少对社会的投放，市场的供求矛盾逐渐加深。

供应减少和需求增加的最终结果导致库存降低，2005 年 8 月底，社会成品油库存量比 2 月底下降 265 万吨，供求关系的平衡变得越来越脆弱，量变的积累必将导致质变发生。

自同年 8 月份起，连续受到海棠、麦莎、珊瑚几个台风的接连影响，运油船无法抵埠，给整个广东省的油品供应“临门一脚”，最终导致了“油荒”的发生。

为了防止被囤积，两大集团的销售单位只通过自己的加油站销售油品。本来，社会油站为维持基本客户采取高买低卖的方式掏腰包支撑门面，非常艰难，面对“油荒”的大背景下的冲击，索性关门大吉。只有部分两大集团所属和实力较强的加油站在经营，8 月 17 日，两大集团在广东断油或个别品种、

时间段断油的加油站占50%以上，社会加油站基本没有全品种和全天候保障供应的。正常营业的加油站减少了四分之三，排队加油当然难免，紧张的社会气氛就形成了。

如果大多数的人都相信银行“没钱了”，那么银行就会真的没钱了，这就是“恐惧经济”。广东注定是一个充满热情的地区，媒体以特有的激情及时地进行了渲染。大家都担心加不到油，开车的见到油站就想去排队，有的终于排到了，却只加10升油。就像饥荒年代，人们总感觉到吃不饱一样。

在市场运行方面，此次“油荒”的形成机制与1999~2000年的资源紧张不同。当时在供求关系基本平衡的情况下，由于国际、国内市场成品油接轨的机制过于透明，国际油价持续上涨，投机逐利的因素形成需求虚增，各环节加大生产、经营量和库存保有量。2000年10月份以后，由于国际油价持续下跌，经营风险加大，生产和经营环节亏损或潜亏增加，急于释放库存，又造成市场价格急剧下跌。以至整个行业用了1年多的时间，以很多销售企业亏损甚至破产为代价，才重新形成了新的供求平衡。

经过上次市场动荡的冲击后，成品油销售企业和用油企业对市场变化更加敏感，一方面在高油价下保持较低的库存，规避跌价风险；同时密切关注市场变化，采取灵活的库存策略。一般说来，如果国际油价连续上涨，国内油价不可能在此期间下滑，国家也不可能此时调低指导价格，经营者甚至用户都可以适当增加库存；反之，如果国际油价连续下跌，国内油价不可能在此期间上涨，国家也不可能调高指导价格，生产者和经营者就要适当释放库存。

在这个因素的影响下，形成国内市场突出紧张的气氛一般

是在国际油价大幅上升并维持的期间。如果期间有油价连续下跌，紧张气氛就很快缓解。通过将国际油价与今年以来的供求形势对比就会发现，2004 年四季度以来国际油价下跌，造成 4 月份之前供求关系非常宽松；4 月份国际油价开始上涨，到 5 月底市场气氛异常紧张，地方政府、国家有关部门和两大集团也非常重视。正在业内人士担心供求矛盾爆发的时候，“五一”期间国际油价下跌，节后市场变得平静了。8 月份国际油价连续上升，突破 70 美元并持续在高位，也是触发“油荒”重要因素之一。

“油荒”引发的对资源保障的思考

高油价和“油荒”注定会对市场产生深远的影响，并应引起我们的思考。

我们有没有能力保障市场供应

中国是一个拥有世界1/5人口的大国，能源生产和需求均居世界第二位。石油作为经济的“血液”，一举一动对经济发展影响深远。

虽然中国能源自给率达到94%，但石油自给率只有60%，至少当前来讲，石油的作用相对不可替代。当前国际市场上，石油资源和运输渠道的争夺都十分激烈的情况下，“油荒”促使我们认识到：我们能够保证国内的成品油供应，但当前的保障相当脆弱。

国内油价到底高不高

这是“油荒”期间互联网上讨论最激烈的一个话题。媒体

从消费者的角度对油价不断升高早已经是忍无可忍了，可作为供给方的生产者企业仍认为国内零售价格“没有与国际市场接轨”，价格不够高！其实，如果仅从价格角度来说，目前中国内地的价格水平远低于国际市场。这一点，从出口极其踊跃，需要国家下达文件管制，而进口每吨要亏损2 000元以上就可以说明。同时，我国居民整体消费水平偏低，成品油价外税费较高，的确对其他行业的经营和居民消费有很大的影响。

我国应建立何种价格机制

从近期看，对油价进行适度干预，一方面可以使我们在有条件的情况下，缓冲国际油价剧烈升高的冲击，减少对国民经济的负面影响；另一方面可以在考虑各行业承受能力的基础上，保持社会稳定有重要意义；再次是通过一段时间的运行和分析，为研究新的价格机制准备条件。

从长期来看，第一，对现有成品油价格机制进行改革并与国际接轨是2006年底市场放开的必要条件，很难想象以管制的价格应对放开的市场；第二，长期的低油价不利于我们减少石油浪费、降低消耗水平，研究开发新型能源和节能产品；第三，我国各主要石油生产和加工、销售企业的生产结构大不相同，合理的价格机制对保持各环节的利益分配，促进整个行业的理性投资和长期健康发展具有积极意义。

如何看待市场的“垄断”

这也是近期的一个焦点话题。基于发达国家的行业发展经验和市场竞争的规律，适当的垄断是行业发展的必然结果，原因有三：第一，完全垄断的市场注定是效率低下和不负责任

的，或者只对当权者负责，不对社会负责；第二，石油行业的特点决定高进入壁垒和规模经济，即使市场完全放开中小企业生存的空间也非常有限；第三，多数国家或采取寡头垄断或采取完全垄断，视政治体制和经济体制决定。

社会企业和两大集团扮演的角色

在正常经营的情况下，地方炼油厂、社会批发单位和社会加油站是对石油市场的有益补充。在化解广东“油荒”的过程中，这些企业所起到的作用远比形成“油荒”时的作用要小。这是由这些企业的性质决定的，在市场经济条件下，所有企业都要追求自身利益最大化，这一点无可指责。两大集团利用掌握的资产和资源，保障社会供应，是天然的责任。中国石油股份公司蒋洁敏总裁明确提出，石油企业必须承担政治责任、经济责任和社会责任。不过，也应该认识到，任何企业如果没有经济效益，也就会没有企业本身的存在和发展，社会责任更是无从谈起。其实，作为两大集团所谓“经济责任”的“效益”也基本以税收和投资等形式重新返还给了社会。

这次以广东为中心的“油荒”虽被缓解了，但困扰国内成品油市场的根本问题并没有解决。应该以此为契机，在管理体制和市场机制方面加快改革和探索，积极引入供应链管理，宏观上保障国家的能源安全，微观上保障企业的资源供给，维护市场的稳定，消灭“油荒”。

由物流管理到成品油供应链管理

按照国际竞争力中心的定义，供应链是指在由供应商、制造商、分销商和消费者组成的网络中，对商品、信息和资金的动态管理。换言之，供应链管理包含物流、信息流和资金流。

物流作为供应链管理的一部分，是对商品、服务及相关信息从原产地到消费地的高效的正反双向流动、存储等综合管理过程。

广义上讲，物流是供应链管理的一部分；狭义上讲，物流管理等同于供应链管理，本书采用广义的定义。

今天，在生产工艺日益发达和透明、市场竞争日益激烈的形势下，物流管理已经被视为企业降本增效的重要利润源泉。2005年，中国GDP达到18.23万亿人民币，社会物流总费用占GDP的18.5%，达33 725亿元，如果物流费用能降低1%，每年可节省337亿元，相当于创造了等额的利润。实施供应链管理，通过减少流转环节、优化运作程序、降低库存等手段，不仅可以大幅度降低物流成本，确保企业供应的稳定性，更重要

的是可以为企业赢得竞争优势。

供应链管理带来的竞争优势主要体现在以下5个方面：一是可以缩短定单处理周期；二是可以提高物流、配送作业质量；三是可以增强送货的及时性和可靠性；四是可以为用户提供特定的个性化服务；五是稳定企业与客户之间的关系，提高顾客的满意度和忠诚度。

成品油供应链管理是围绕配送中心，将生产厂、配送中心、加油站（机构用户）视作一个整体，实行上下游一体化的管理，通过对物流、信息流、资金流的控制和动态管理，最大限度地减少时间周期和资金成本，最大限度地提高货品供应的准确率和及时率，并最大限度提高过程中的设备设施的利用效率，最终提供综合效益，实现产品与服务的增值。

成品油供应链包括3个最基本的要素：位于供应链上端的资源供应商——炼厂或批发企业，居于中心环节的资源组织调度者——配送中心，处于下端的资源分销商与终端顾客——加

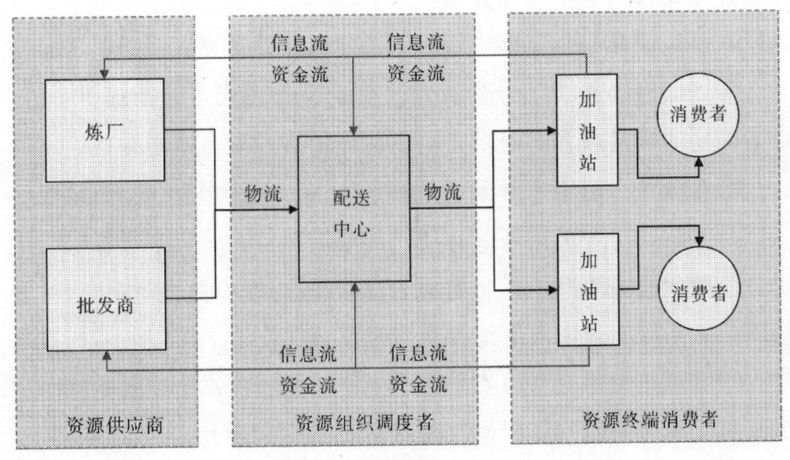

图2－1

油站。如图2－1所示。

在成品油供应链中，配送中心作为物流体系的组织协调者，起着主导和承上启下的作用。不仅要考虑自己的客户的需求——加油站运营与顾客需求，而且要考虑自己的供应商——炼油厂与批发商的资源保障能力，还要考虑综合运营成本与效率及上下游客户的满意度。配送中心的核心价值不在于能获得多少赢利，而在于上下游企业与客户对其路径的依赖性和效益的经济性，即由陪送中心组织货源，比自己做更有效、更经济、更省心、更有保障。

成品油供应链规划

供应链规划是合理配置资源、优化业务流程、提高配送效率、提升创效能力的前提。

供应链规划回答做什么、何时做和如何做的问题，指导成品油供应链管理模式的选择、业务流程的整体设计、配送中心的选址原则及运输策略等方面。

在制定成品油供应链规划时，应注意下述方面：

①以“客户需求”为驱动力，在维持合理成本的前提下，最大限度地满足顾客的需求，使供应链的客户服务水平最优。

②在满足一定客户服务水平的条件下，关注影响供应链成本体系中的每一个关键环节，使供应链的整体运营成本最低。

③减少流通环节、优化内部运作程序，建立健全一体化的管理信息系统，最大限度地提高市场反应速度。

④尽量扩大物流服务水平所产生的收入和提供这种服务水平所需成本之间的差异，使物流对利润的贡献最大。

物流机构的扁平化再造

按照供应链管理的理念和基本原则，对各相关环节重新定位，重新审定和修定业务流程，通过运用信息化管理技术和手段，缩短管理路径，减少管理层次，将金字塔状的多级批发供应体系改造成扁平化的配送体系。

逐步形成生产厂商或供应商、区域配送中心（视客观条件确定区域半径及服务范围)、零售网络三级管理体制，并最终实现由被动配送向主动补货的革命性变革。

物流第三方承运

与扁平化再造相配套的，是物流的第三方承运体系的确立和完善，通过销售企业与物流运输企业的战略合作伙伴关系的建设，形成荣辱与共、利益共享、发展共谋、责任共担的合作模式。

在第三方承运方的选择中，经济性是其中的一个重要指标，但不是唯一的指标，更不能价低者得。

在与第三方承运方的合作中，应把握以下基本原则：

①给予第三方承运方合理的利润空间，以确保其长期的投入和长远利益目标的实现，确保双方的长期合作；

②承担对第三方承运方的责任，特别是专业化管理和技术支持，及安全教育与安全监控；

③保持适当的竞争，避免过度依赖性。

配送中心及油库管理

在成品油供应链中，配送中心对整个供应链起着主导和承

上启下的作用，其数量的多少、布局的好坏、规模的大小、位置的优劣直接关系到整个供应链的运行效率和客户服务水平。

按照国家标准《物流术语》的定义，配送中心，就是从事配送业务的场所或组织。应基本符合下列条件：①主要为特定的用户服务；②配送功能健全；③完善的信息网络；④辐射半径范围小；⑤多品种、小批量；⑥以配送为主、储存为辅。由此可见，配送中心既指从事配送业务的场所，又可以理解为从事配送业务的特定组织。

成品油配送中心是成品油供应链中的中心环节。它以规模适度的油库为载体，借助先进的管理信息系统和集约化的配送体系，按照用户订单，提供全天候、全方位、全过程的服务，将正确的商品或服务，在正确的时间内，以良好的状态和合适的成本送达合理辐射半径内的加油站和终端用户。

配送中心的建设，既要符合经济性原则，又要符合服务性原则。

经济性原则。主要涉及两种支出：一是固定资产投入，二是物流费用。从某种程度上来说，这两种支出是相互矛盾的。配送中心数量少，固定资产投入相对就较少，但是配送半径的扩大又会导致物流费用增加。配送中心的最佳数量应是使总的支出达到最低。

服务性原则。在同等情况下，企业的客户服务水平将与其服务半径成反比，配送中心的最佳数量应当建立在优质的客户服务水平的基础上。

在传统零售物流体系中，油库占有特殊的位置，特别是在资源紧张和库存能力受到制约的地方，油库替代了配送中心的职能，是现代供应链管理扭曲。

在现代油品供应链管理体系中，信息流是第一要素，信息流要求和指挥物流，物流服从和服务于信息流。要改变将油库直接等同于配送中心的认识。配送中心与加油站之间不存在管理与被管理的关系，而是一种服务与被服务的关系。

建立物流成本管理系统

逐步建立物流成本管理系统，把过去蕴藏在其他项目中的原油调运成本、厂内物流成本、成品油运输成本、油库内部物流成本、配送物流成本以及仓储费用、储运设施折旧，各种相关材料、人工成本、库存资金占用、利息支出等明确在物流成本账上，通过分析和比较，控制和改进物流成本。

管理信息系统的应用

成品油供应链的管理信息系统主要包括3个层次的内容：总部的管理信息系统、配送中心的油库管理系统和运输系统、以及加油站单站管理系统。

应用计算机技术、网络技术、通讯技术和自动化控制技术，加快建立由总部、配送中心、加油站组成的管理信息系统，提高经营管理的信息化和自动化程度，构筑一个高效的信息处理平台，将有助于缩短管理距离和管理层次，最终实现管理的“扁平化”。

供应链管理是对企业资源管理的前伸，是企业对上游资源控制能力的体现，也是未来企业竞争的重要环节和降本增效的重点。跨国公司的经验表明，供应链管理不仅可以保证油品的正常经营，甚至加油站便利店业务一半的利润也来源于供应链管理。

第3篇

网络开发与优化
——实现系统增值

接近顾客并满足顾客是销售企业的生存之本。成品油零售网络就像运输网，为更多的优质客户运送更多的货物，获取更多的收益，是网络价值不断增值的体现。

以零售网络优化为目标的二次开发，不但可以提升单站创效能力，更可实现网络的增值，提升零售网络的整体竞争力。

如果说大规模的网络扩张（现站收购和新站建设）是成品油销售企业生存与发展的必由之路，是一次开发和外延扩张；那么，以“提升能力、拓展服务”为特征、以网络优化为目标的二次开发，则是网络发展到一定规模后必须进行的持续提升核心竞争力的战略选择。

面对携百年品牌优势、管理优势、规模优势的国外大石油公司进入中国成品油零售市场带来的竞争规则的变化，面对消费者需求由“温饱型”向“质量型”的转变，国内的成品油零售企业必须未雨绸缪，适时在成熟市场区域和新开发市场的成熟加油站引入、推广二次开发，推动零售网络从数量扩张转向品质扩张的转变、由规模经营向品牌经营的转变。

网络二次开发的界定

所谓二次开发，概况而言，就是以提高加油站及网络的营运能力为目标的效能改造和以提高赢利能力为目标的业务拓展。主要体现为以品牌包装、效能改造、改扩建为主要内容的硬件优化和以便利店为主的非油品销售业务拓展。

加油站的二次开发，是对现有加油站的深度开发，是以顾客为中心、基于提高顾客满意度和加油站综合赢利能力的持续改进。

网络的二次开发，是对由油站、油库、配送中心、运输体系、应运组织及管理团队的深度开发，是以市场为导向、基于提高网络资源利用效率和创造价值的能力为目标的持续改进。

二次开发，不是简单的硬件翻建或是简单的附加一个便利店或非油服务，而是一个持续满足顾客需要的过程，是通过深度开发现有加油站网络的潜能，最大限度地实现“可获利地营造顾客满意”的目标。

二次开发不仅是针对低效站的改进措施，而是由点带面的

整体提升战略，因此，必须从企业战略发展层面认识和推进二次开发。

回顾世界加油站的百年发展历程，满足顾客对便利性与舒适性的追求是行业发展的原动力。通过二次开发改善加油站的便利性和舒适性，使顾客方便地获得一揽子服务，满足顾客继续行驶的需要，不仅是吸引顾客、满足顾客的重要手段，也是行业进步的阶梯。

二次开发，是发挥后发优势、实现跨越式发展的有效途径，是国内销售企业应对批发、零售双开放后的零售业务战略定位的必然要求。

随着城区、高速公路等高效市场区域的优质加油站收购难度的加大，特别是成品油零售市场对外开放后外资企业的进入，仅仅依靠加油站数量的增长带动销量增长的外延增长模式将受到限制。企业对效益最大化目标的追求，要求我们必须两条腿走路，在继续加大优质加油站收购力度的同时，重视现有加油站的挖潜改造，提高现有加油站的单站销量和综合赢利能力。

实现由规模扩张为主的发展战略向规模、质量、效益并重的发展战略的转移，是实现品牌竞争、质量取胜，应对 WTO 后的国际化竞争的必然之路。

网络二次开发的基本原则

实施加油站网络的二次开发工作，是一个循序渐进的过程，不能搞一刀切、一拥而上，必须坚持以下基本原则。

①以方便顾客为中心，创造性地满足需求。纵观国内的许多服务行业，无论是硬件设施，还是服务流程，都或多或少地体现着方便管理的思想。狭小的窗口、繁琐的服务流程等，不仅没有体现方便顾客、服务顾客的原则，甚至会造成顾客的不满。

在产品日益同质、竞争日益激烈的今天，少许的怠慢和疏忽，都会失去顾客。二次开发要从顾客的角度、顾客的感受出发，关注顾客、关注细节、关注效益的增长，而不能搞华而不实的花架子，只求上级领导的满意。通过创造性地满足顾客的现实需求与潜在需求，使对加油站设施与产品服务的二次开发成为对顾客的二次开发。

②充分利用加油站的每一寸土地与设施，提高商业化。加油站是寸土寸金之地，充分利用和深度开发加油站的硬件设

施，发挥每一寸土地与设施的赢利功能，提高投资回报能力，是每一个管理人员都应挖空心思考虑的问题。比较一下国内外加油站的商业化程度，我们就会发现国内加油站在土地与设施利用上的巨大差距。差距就是潜力，差距就是努力的方向。

③统一规划，因地制宜。在保证统一品牌形象和油品数质量的前提下，各地区公司应针对不同的社会经济发展水平和顾客消费需求与消费习惯，因地制宜、因站制宜地开展二次开发工作。

比如高速公路站和国道站，可以重点针对大型货运车辆和长途客运车辆的需求特点，在努力拓宽场地、方便车辆进出、停放的前提下，应针对司乘人员长途旅行、鞍马劳顿的特点，不仅要提供满足基本生理需求的休息、卫生间、饮用水等服务，还应尽量提供车辆继续行驶所必需的加水、清洗、维修等服务，以及旅游纪念品和土特产品销售等，最大限度发挥加油站的功能。

对于城区加油站，在尽量提供方便、整洁的加油环境的前提下，应在细节、品质和个性需求上下工夫，建设精品加油站，为顾客提供精品服务和个性化服务，特别是高级办公区和高级住宅区的加油站，可以有针对性地开展增值服务。

二次开发是企业努力的方向，但不能超越经济发展与客户需求，在实施中应注意先进适用与经济合理的平衡。

网络效率分析

网络二次开发与优化，必须基于对现有网络资产的科学分析与评价基础之上，运用先进合理的评价指标和分析工具，寻找优化的重点和关键环节，以确保二次开发与优化工作的科学有效性。

在对现有网络进行分析时，行业内常用的分析工具主要包括单站经营业绩、市场有效度和市场饱和度分析。

■ 单站经营业绩分析

单站经营业绩分析是网络效率分析的基础和重要组成部分，目的在于探索和正确评价经营业绩和销售潜力之间的关系。

按照销售潜力（可研销量）和实际销量两个指标对加油站进行评估，可以将加油站区分为四类（见图 3－1），即：

潜力好、业绩好。应作为工作的重点关注对象，加大投入，努力建成标杆站。

潜力好、业绩差。虽然该加油站的当前销售量低，但由于该类加油站的销售潜力非常好，因此应当考虑改造或者重建。

潜力差、业绩差。此类长期亏损且前景不佳的站，应当考虑关闭。

潜力差、业绩好。应维持油品销售现状，并最大限度开发关联业务，提升综合创效能力。

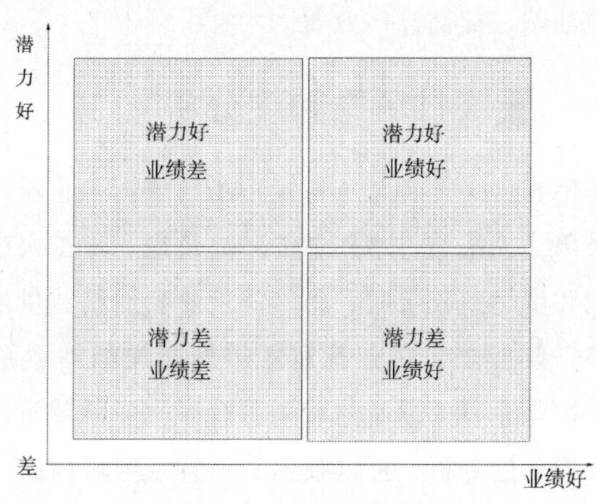

图 3-1

■ 市场有效度分析

市场有效度（MER）是指在特定的市场区域内，企业的市场份额与其油站份额之比。市场有效度是衡量竞争主体的竞争力的指标，是网络效率分析的核心。

当 MER 等于 1 时，表明该企业零售网络的竞争力刚好处于市场的平均水平；当 MER 小于 1 时，表明该企业零售网络的竞争力低于市场的平均水平；当 MER 大于 1 时，表明该企业零售网络的竞争力高于市场的平均水平。MER 数值越大，

表示零售网络的竞争能力越强，反之亦然。

通过MER分析，可以发现企业的竞争优劣势，为改进不足、强化优势提供方向。当MER小于1（或低于竞争对手）时，可以选择提高单站销量，或减少油站数量规模，关闭低效站或进行置换是行业惯例；当MER大于1（或高于竞争对手）时，可以选择开发非油业务提高效益，或增加油站数量规模，新建或购进加油站，提高总体效益。

■ 市场饱和度分析

所谓市场饱和度，即在某一特定市场区域内，企业的市场占有率达到极限，无法通过增加加油站数量进一步扩大市场规模。当市场饱和度达到极限时，单站销量随加油站数量增长成反比下降趋势。换言之，在一特定区域内，加油站数量的增加，将进一步稀释原有加油站的市场占有率，降低单站销量。

通过市场饱和度分析，可以找到某一特定区域内的“最佳网络规模”，即：当某一区域的市场饱和度过低、加油站难以形成网络规模效应时，就要考虑新增加油站；当某一区域的市场饱和度过高、内部商圈重叠非常严重时，就要考虑关停一些加油站。

网络优化的主要途径

网络二次开发与优化是一个经营概念，是一个全方位、全过程地满足消费者的需求，不断提高市场有效度，实现网络资源与市场需求潜力相匹配的动态管理过程，寻求规模与效益的平衡，进而提升网络的整体竞争能力和盈利能力。具体途径与措施包括：

■ 提升现有网络的质量

通过二次开发提升现有零售网络的经营质量和创效能力，主要以下述两个方面为主。

① 实施以品牌包装、效能改造、改扩建为主要内容的硬件优化措施。

在质量、计量、服务、价格日趋接近的竞争环境中，加油站的硬件设施是否符合顾客的需要、是否给顾客以足够的吸引力，对加油站的销售起着非常重要的作用。在我们现有的加油站网络中，尚有相当多的加油站虽然位置优越，但规模小、设

备差、形象旧，不仅没能发挥加油站应有的位置的优势，而且对企业的品牌也产生一些负面影响，甚至还存在严重的安全隐患。

因此，在将来相当长的一段时间内，优化这些极具发展潜力的资产，对这些加油站进行品牌包装、效能改造、改扩建、推倒重建，不仅是提升单站销量和品牌形象的必由之路，也是适应国家日益严格的HSE要求的必然措施。

在硬件优化中，对于低效站，主要以服务设施的改扩建为主，方便顾客进出和获得服务，提高客流量，提高销量。对于高效站，则应侧重于站内服务设施与服务环境的人性化改造，提高加油过程的舒适性，提高顾客的满意度。

② 积极开展以便利店为主的非油品销售业务。

市场调查结果显示，超过85%的顾客认为清洁、明亮、舒适的便利店能够提升加油站的档次和品牌形象，是否拥有便利店已经成为司机选择加油场所的重要因素之一。在加油站开设便利店，既满足了顾客一站式消费的便利性需求，又有效地拓展加油站的利润来源。在发达国家，70%以上的加油站设有便利店，便利店利润已经达到总体利润的45%～55%。

便利店业务的开展既要立足于高起点、高标准，也要遵循经济发展的客观规律，国外经验表明，当人均GDP达到2 000～4 000美元时，便利店就会进入快速增长的黄金时期。因此，便利店业务的开展要因地制宜、因站制宜，要分级分类、有计划、有步骤地开展，优先开发经济发达地区，贯彻“成片开发、集中管理、规模经营”的策略。现阶段应重点做好大中城市站、国道站、高速公路站的便利店项目。

在开展非油品销售业务拓展过程中，应着重从产品创新与

服务创新下工夫。

产品创新，应从满足车的需要和满足人的需要两个基本点出发。满足车的需要，可以燃油与润滑油为主，向车辆保养、美容、保险等方面拓展；满足人的需要，可以便利店为主，向快餐、休息住宿、娱乐购物等方面拓展。产品创新的基本原则，就是创造性地满足顾客的现实需要和潜在需要。

服务创新，就是增加人性化服务和个性化服务，使每一个顾客都能在加油站体验到以客为尊的服务流程，并通过增加服务的价值含量，营造顾客满意。

■　新建与并购

在新建和并购时，应按照以经济半径确定目标市场的原则，细分市场，区分高效市场和低效市场，从资金、政策、人力、物力各个层面旗帜鲜明地鼓励开发高效市场和准高效市场，集中搞好城市中心站、城市周边站、城镇站、主要公路站的网络建设。

在新建或并购时，必须灵活运用市场有效度、市场饱和度等分析工具，确保投资的高回报，确保规模与效益同步发展。

面对国内城市化进程的加快、房地产市场的快速发展和高速公路网的建设，通过投标新建和与资源控制方合作进入垄断市场区域，将是网络优化的合理选择。

■　合并与资产置换

在油品流通领域，对加油站进行资产互换或收购，使其集中在本公司的优势市场，尤其是炼厂和油库附近，以降低流通成本、加强区域优势，也是国外石油公司经常采用的优化网络

的办法。2000年8月，德士古公司用在希腊的375个加油站和两个燃料中转站，交换壳牌公司在英国的80个加油站和普利茅斯燃料中转站54%的股份，从而实现了双赢。

■ 关闭或出售

据统计，自1989年以来，英国的加油站总数一直呈下降的趋势，加油站规模与单站销量成反比。1994年，美孚公司拥有18 800座加油站，至1999年美孚与埃克森合并前，其加油站总数已经减少至15 240座，但平均的单站加油量却从每天163.6桶上升至225.7桶。在加油站总数减少18.93%的情况下，网络总体销售量不仅没有减少，反而上升了11.18%。

在国内成品油零售市场全面放开后，国内的加油站行业不得不面对国际化的竞争；加之路网改造建设，原本门庭若市的加油站很可能会无人光顾。与其硬挺，不如转售或歇业，以期最大限度减少损失。

网络优化的评估

加油站二次开发与优化是一个探索性的工作，既要坚持原则，也要有检验的标准，以确保此项工作不偏离战略方向。

是否有利于顾客满意度的提高。提高顾客的满意度是留住顾客、使顾客成为忠诚顾客的唯一途径。在现今以变化、以顾客为中心和竞争为主要特征的3C时代，谁拥有顾客，谁就拥有市场，谁就拥有未来。

二次开发必须以顾客为导向，方便顾客、服务顾客、满足顾客，因为只有顾客满意，企业才会有效益，员工才会有发展，股东才会有回报。

是否有利于提高效率、降低成本。提高效率、降低成本，是企业内部追求利润最大化、外部追求社会福利最大化的必然要求。企业是财富创造的主体，是实现股东、员工、消费者和社会多方和谐共赢、共同进步的主体。通过二次开发等措施持续改进，提高效率以增加财富、降低成本以增加效益，是企业管理永恒的主题。

是否有利于企业品牌形象的提高。中国石油、中国石化加油站是超大规模连锁经营机构，品牌形象的建设、品牌价值的提升，有赖于每个加油站的形象建设和产品服务的规范统一。二次开发工作必须遵循整体战略规划，实现因地制宜满足市场需求与维护企业统一形象建设的有机统一。当统一品牌规范与二次开发措施冲突时，要坚持品牌规范的严肃性，决不能为局部利益牺牲企业的整体利益。

加油站的核心竞争力，主要体现在应变能力、创新能力和顾客亲合能力，最终体现为品牌文化。二次开发不是创新的终点，而是油品销售企业主动变革、持续改进的新的里程碑，二次开发是一个持续改进过程。通过二次开发，不仅要建立持续变革的机制，更要建立持续改进、追求卓越的理念与文化，这是保证销售企业永远能更快、更新、更好地满足顾客的核心能力。

第4篇

未来预见性
——寻找蓝色海域

对技术发展方向的预见性、对消费需求变化的预见性、对社会政治经济文化发展趋势的预见性是成为行业领导者的关键。

钱·金与勒妮·莫博涅首次提出了没有竞争的蓝色海域和高度竞争的红色海域，未来预见性就是引领企业进入蓝色海域的航标灯。

变化是当今市场竞争不变的特征，适应变化、预见变化是企业超越竞争、获得竞争优势的重要能力。随着中国市场国际化进程的加快，现代经济所具有的信息化、全球化等特征，已经完全改变了企业的经营方式和生产方式。面对不可避免的变化，每个企业都希望能够预见未来发展趋势，积极应对，寻找蓝色海域。

加油站行业发展历程及特征

加油站的产生源于汽车工业的发展。1907 年美国加州标准石油公司（即现在的雪佛龙公司的前身）建成了世界上第一座加油站，开启了现代加油站行业发展的历程。随着跨国石油公司在全球范围的扩张，加油站也随之进入欧洲和亚洲各国，并随着汽车工业在各国的发展而蓬勃发展起来。

从 1920 年开始，各石油公司开始大规模建设自有油站网络，并通过引进标准化管理，实现了统一品牌、统一形象、统一设备、统一服务。加油站经营业态逐渐进入成熟期，全程服务的加油站开始出现。1929 年发生并持续 3 年的世界经济危机，使全球的经济受到了重大的打击，作为基础能源供应的石油工业也陷入了严重过剩的困境，油品销售跌入低谷，迫使石油公司积极尝试新的经营方式，加油站自有他营、业务多元化等经营管理模式开始受到大石油公司的重视，加油站作为独立的行业真正走向了成熟。

1973 年第一次世界石油危机后，世界加油站行业的大规

模重组基本结束，加油站网络布局和构成类型基本稳定，至1977年，全球加油站总数达到历史高点。仅美国就拥有1 300座油库、17.4万座加油站和250万个地下储油罐，组成了庞大的成品油分销体系，年成品油消费量高达1.1万亿升（约合7.8亿吨）。到20世纪80年代，加油站电子收银机和POS系统、油罐液位监测系统以及安全环保标准相继出现，加油站行业进入了精细化管理的新时代。

我国的第一座加油站始建于1924年，位于上海市黄浦区，隶属于美国美孚石油公司；至1949年新中国成立前，全国总计拥有加油站164座。新中国成立后，加油站经历了一个由少到多、由分散经营到规模经营、由单一经济成分向多种经济成分、由经验型管理向专业化管理、由单品种经营向多种经营转化的发展过程。

■ 由分散经营向规模经营转化

1950～1985年的30多年里，成品油作为国民经济的重要商品，一直是由原商业部统购统销。经营业务的重点主要是批发，实行三级批发体制和“三固定”（固定批发环节、固定供应范围、固定倒扣率），物流设施的主要功能是为三级批发企业进行运输和储存，作为零售环节的加油站数量很少，发展缓慢，据有关资料，20世纪50年代全国加油站总量只有70座左右，60年代末不到200座左右，70年代末约有3 000座，至1990年底为5 000多座。

20世纪90年代是我国加油站的快速增长期。1992年国内零售市场试验性开放，成品油价格实行“双轨制”，由于经营成品油批零差价大、利润丰厚，国内社会各业和各种经济成分

纷纷涉足成品油销售业务，加油站数量急剧增加，1993 年猛增到 38 000 座左右，1996 底达到 42 600 座，到 2000 年底，全国加油站总数达到高峰，计 8 万多座。

2001 年国家开始对市场加油站进行清理整顿后，部分不符营业要求的加油站退出市场，目前国内有合法经营证照的加油站约 7.5 万座左右。

自 1994 年开始，国家对原油、成品油价格体制进行改革。1998 年为促进同业竞争，国家主导组建了石油、石化两大集团。两大集团成立后，双方通过收购、新建等方式，很快完成了零售网络体系的建设，并以统一加油站视觉形象和内部规范管理为切入点，将分散经营的加油站集结成为全国两个最大的成品油零售连锁经营主体。

与此同时，跨国石油公司也通过不同途径相继进入国内成品油零售市场，合资经营的加油站相继在国内亮相。合资经营加油站所带来的先进经营理念、营销策略和服务方式，对国内加油站行业整体经营管理水平的提高起到了重要的推动作用。

■ 由单一品种经营向多种经营延伸

随着我国国民经济的快速发展，汽车已开始进入家庭，国内汽车保有量迅速增长，目前已达 2 200 多万辆。近几年来，特别是随着国省道公路和高速公路的延伸，尤其是中心城市之间高速公路的开通，人们的出行更愿意选择公路交通，车辆在公路上行驶的时间延长。

伴随着汽车消费和人们生活方式的改变，汽车消费者对加油站的经营和服务不断提出新的需求，拉动加油站向便利店、快餐、旅店、汽车维修保养等相关业务延伸，如中油 BP 加油

站便利店已成为广东地区最大的便利店连锁经营主体，并逐步将洗车美容、彩票销售、自助缴费、广告位出租等业务纳入经营范畴，中油BP的实践证明，混业经营已日益成为加油站提高竞争力和增加收益的重要手段。

■ 由价格竞争向品牌竞争转化

目前国内加油站行业正处于由以企业为中心向以客户为中心、由价格竞争主导向品牌竞争主导的转变时期。石油、石化两大集团发挥上下游一体化和全国网络布局的竞争优势，通过规范化经营管理，树立了全国性的市场领导品牌。游离于两大集团外的社会加油站，以其灵活的机制优势，结合良好的地缘和人缘优势，努力成为商圈内的有力挑战者。

自1992年后以合资站的途径进入国内成品油零售市场的国外石油公司，如华东地区的中石化壳牌加油站、BP加油站，华南地区的中油BP加油站，华北地区的中化TOTAL加油站，以其国外母公司的长期从业经验、先进经营服务理念、营销策略和管理规范，成为了行业的标杆，虽然其网络规模尚难以对两大集团构成威胁，但其品牌号召力和在局部市场的相对竞争优势和示范作用，已成为推动国内加油站行业进步的重要因素。

未来加油站行业的发展趋势

市场经营主体的专业化激烈竞争，将强化加油站网点的集约化与规模的适度大型化趋势

纵观国内外加油站行业发展的历程，我们发现加油站的发展通常要历经四个阶段。第一阶段，即加油站发展的起始阶段。这个阶段的特点是，加油站经营者的个体属性显著，组织性不强。第二阶段，是加油站的大发展阶段。在这个阶段，投资商受利益的驱动，大力投资兴建加油站，加油站经营者可以得到丰厚的利润。第三阶段，属于规范阶段，也是目前我国加油站发展所处的阶段。这个阶段的特点是，无论是投资者还是经营者都已经意识到，加油站的发展已经出现了总量过剩、分布不合理、利润空间下降等问题。这个阶段需要政府和市场的双重调节杠杆，以推动加油站的发展迈向第四阶段——加油站发展的平稳运营阶段。在第四阶段中，个体加油站规模趋于大型化，经营主体趋于集中化。

目前，由于加油站发展所处的阶段特点，加油站经营的主要收入来源依然是油品业务，加油站只有提高销量、扩大规模，才可能完成“依靠经营油品获利”的任务。因此，在今后一段较长的时期内，加油站网点的集约化与单站个体规模的大型化将成为未来加油站发展的主要趋势。

我国是世界第2大石油消费国，也是正在崛起的汽车大国。作为为汽车服务的行业，加油站的发展过程必然有一个从少到多，然后逐步调整，达到总需求和总供给大致平衡的过程。当然，随着社会服务向着综合式、多样化的发展，企业经营向着专业化、规模化、集约化的发展，以及市场的不断开放，这个平衡也在不断地变化。

① 在国外。

20世纪80年代到2000年，世界油品市场消费进入了一个相对稳定的时期，但市场竞争更加激烈，市场毛利水平逐年降低，石油公司的兼并与重组更加频繁，一些小型加油站被迫关闭，加油站数量逐年减少。自20世纪90年代初以来，国际成品油零售毛利率由16%～20%的下降至8%～12%。根据美国加州能源机构对加州地区1999～2001年度成品油零售毛利的统计数据，加州成品油零售毛利率基本保持在6%～10%，某些时期甚至出现亏损。

面对毛利逐年降低的现实，优势企业唯有逐步优化加油站结构，扩大单站规模，增加销量，才能通过规模经营获取竞争优势。以BP公司为例，其在法国的加油站数量从1996年的810座减少为2002年的570座；同时，通过改造扩建现有加油站，单站日加油量则从1996年的7 530升增加到2002年的9 750升（相当于7.8吨），实现了油站数量减少而单站销量上升

的良性发展。

② 在国内。

我国成品油零售市场正处于发展阶段，直到20世纪90年代市场的竞争格局才初步形成。2000年底，全国加油站总数约为9.8万座，至2003年底，加油站总数降为8.5万座，到2006年底又下降到8万座。单站日销量由2000年全国平均2.5吨，上升到2005年的3.48吨。

以中石油、中石化加油站投资规模与实际销售量变化情况为例做进一步分析：2000年中石油单站实际日销量为2.7吨、中石化为3.8吨，到2003年中石油单站实际日销量达到了4.94吨、中石化达到了4.62吨，2005年中石油、中石化单站实际日销量都突破了6吨。从投资建设规模情况看：加油站建设资金的投入在逐年提高，目前加油站建设资金已经占到了加油站整体投资额的30%以上，中石油加油站单站罩棚面积由2000年的392平方米提高到2005年的668平方米。这一方面源于加油站占地规模的大型化，另一方面，也是服务项目增加和新设备投入的要求，这些都是导致单站投资呈现不断上升趋势的重要原因。

通过对欧美等成熟市场与国内情况的对比分析，可以发现，我国单站服务车辆数、日均加油量排名依然居后。相对于发达国家单站服务车辆多、单站销量高、百公里加油站密度低的现状，我们可以认为：在未来国内加油站的发展中，加油站规模化、大型化趋势不可改变，只有那些设备精良，管理先进，油品销量大的加油站，才能够在残酷的竞争中生存下来。

顺应上述发展趋势，借鉴国外经验，今后大型化加油站建设和管理应注意以下几点：

要本着集约化、适度化原则，明确市场半径，优化网点布局；功能设计要突出方便车辆加油的原则，要最大限度地考虑车辆加油及其他消费的方便性；建设大型化加油站要突出外观的视觉冲击力。特别是要突出同一品牌的加油站形象统一，颜色鲜艳，照明充足，标识明显，形成群体效应，从而提升顾客选择概率。

顾客需求多元化与零售行业薄利化，促使加油站服务综合化、品牌多元化特点更加明显

纵观近一百年的加油站行业发展的历史，顾客对便利性的追求是推动行业变革的主要力量。油品运营商只有不断采用新的营运模式，推出新的增值服务，才能提高竞争优势并在持续增强的竞争环境中生存下来。在这种大背景下，成品油零售业与传统商业逐步融合，“多元化综合型零售业”已经成为加油站行业发展的必然趋势。

① 服务的综合化是实践“以顾客为中心”的经营理念内在要求。随着生活节奏的加快，面对现代社会私家车数量的增加和停车空间减少的现实，顾客总是希望在一个地方能够实现多个消费愿望，以减少购买成本，提高购买效率，这就促进了加油站顾客需求的多元化，以便利店、快餐、汽车美容为主的加油站非油销售业务应运而生。服务综合化就是顺应了顾客的这种“一站式”便捷消费的要求，满足了以顾客为中心的全方位需求，所以显现出无穷的生命力。

② 服务综合化是提升加油站盈利能力必然选择。随着油品生产、仓储以及安全环保技术的成熟完善，加油站行业的进入壁垒逐步降低，成品油零售市场的竞争日趋激烈，并促使油

品零售行业逐渐趋向于薄利化。按照美国油品价格数据库（OPIS）提供的数据，以汽油为例，2004年汽油的平均价格为1.62美元/加仑（约为3.54元/升），其毛利约为10美分/加仑，毛利率仅为6.17%。

激烈的市场竞争，激发了各行业经营者不断研究顾客需求、实现差异化经营的动力。自20世纪50年代，加油站出现了修车服务，70年代引入了便利店服务，实现了向非油延伸的“一站式服务”。与加油站开发非油业务相反，更多的外部商业公司、会员制商业公司以及餐饮公司乃至银行保险公司开始引入油品销售业务，为顾客提供了向油延伸的“一站式服务”，并引入标准、优质的商业店面服务模式，对专业化石油公司的油品销售造成很大影响。如大型连锁超市“沃尔玛”进入石油行业以后，利用加油站在油品销售方面的价格优惠来吸引顾客，以油品销售带动商品销售，提升了综合竞争力利润。这一战略引发了国际成品油零售市场格局的重大变革，沃尔玛作为国际成品油零售市场的新成员迅速成为该行业领先者之一。

面对这一挑战，各石油公司纷纷采取策略，引入非油业务，在各种非油品销售组合的发展过程中，便利店逐步发展成大多数加油站采用的首选模式。在美国的17.4万座加油站中，有12万座加油站设有便利店，约占68.97%，另外还有8 000家大型超市设在加油服务区。美国加油站油品销售收入占总销售收入的60%左右，而形成的利润只占总利润的30%～40%；便利店销售收入虽只占总销售收入的30%～40%，但形成的利润却占总利润的55%～65%。

③ 服务综合化是加油站增强抗风险能力的需要。近几年，

国际石油产业链上游的不平静，导致了国际油价的剧烈波动，也给我国相关企业的生产经营带来了巨大的市场风险。同时，随着各项入世承诺的逐渐兑现，中国石化和中国石油两大集团，也将不可避免地面临全球石油巨头强有力的正面竞争。市场因素的变动使得大型化加油站的油品经营面临着更多的风险，这已经成为不争的事实。

目前，由于顾客通常利用加油的时间购物，消费量不大，故对价格不太敏感，因此，加油站便利店商品的价格比超市略高，毛利也较高。其中快餐毛利率为50%~60%，糖果为36%~40%，香烟毛利为10%~20%，汽车配件毛利为30%~40%，与便利店的这些商品相比，汽柴油的平均毛利率最低（仅2%~16%）、毛利波动也最大（主要受国际油价波动的影响）。因此，开展非油销售业务也就成为加油站降低经营风险的必然选择。

④ 品牌多元化是推进加油站服务综合化的重要途径。目前，国外加油站服务综合化常见的组合形式有：加油站+便利店、加油站+便利店+快餐、加油站+汽车维护、加油站+便利店+汽车维护等。随着这些服务项目逐步脱离了“油”的概念，石油公司已经难以独立承担顾客对非油业务专业化、品牌化服务的客观要求，因此国际领先的石油公司为推进加油站服务综合化，提升非油业务品牌竞争力，往往采取以下几种品牌策略：

拥有加油站的大石油公司以自己的油品品牌从事便利店经营业务，例如埃克森美孚、壳牌、BP。一些石油公司采用连锁经营的方式开发便利店、汽车养护等非油经营业务。以BP为例，BP正在培育自己的便利店品牌，而且提出了要与名店

抗衡的目标。在法国巴黎，BP旗下咖啡品牌Wild Café已有相当的知名度。道达尔在旅途中转类的加油站设立BONJOUR（你好）便利店品牌并设立了独立的汽车养护品牌。

大型仓储式超市或商业零售企业直接建设加油站，用超市品牌从事便利店经营业务，例如家乐福（CARREFOUR）、沃尔玛（WAL-MART）、TIGER MARKET等；而快餐公司通常以自己品牌从事或连锁从事加油站快餐店、汽车穿梭餐厅等业务，如麦当劳、肯德基、SUBWAY、BURGER等。

对比欧美加油站的综合化服务，我们发现虽然非油项目种类多样，但各加油站中各类服务区域泾渭分明。在综合服务项目的经营上，石油公司通过实施品牌多元化战略，使加油站“服务综合化、品牌多元化”的趋势特点日益明显。

生活节奏的加快及新技术的应用，将使加油站设备设施自动化与服务操作自助化程度加深

随着新设备、新技术在加油站的广泛应用，使现代成品油零售企业的经营理念、营销方式正在逐渐地转变，由初始的躁动走向成熟。通过新技术设备的应用，一方面加油站经营者可以很低的成本获取和发布销售信息并提供优质的服务；另一方面可通过先进技术设备优化企业管理结构，提高内部管理效率，改善服务质量。可以说：加油站设备设施的自动化与服务操作的自助化是21世纪加油站的生存方式，也是加油站核心竞争力重大影响因素。管理油品进、销、存的自动液位计量监测系统、POS/BOS系统、卫星行车监控系统等自动化设备与信息化系统，将成为未来现代化加油站的标准配置。

① 满足顾客对便利性与快捷性的追求是推动加油站设备

设施的自动化与服务操作自助化的外部动力。加油站的便利性与快捷性是顾客对服务的基本要求。在加油站服务日趋激烈的条件下，“便利性与快捷性”在很大程度上依赖于先进的自动化服务设备的更新。

以加油机为代表，从其产生到多枪加油机代替单枪、双枪加油机，再到自助加油机的出现，其演变正体现了现代技术应用对加油服务“便利性与快捷性”提升的重要作用。

② 企业对高效率与低成本的追求是推动加油站设备设施的自动化与服务操作的自助化的内在动力。企业对高效率与低成本的追求源于对利润最大化的追求，因此低成本战略应运而生。成功实施低成本战略有利于企业以低价格吸引顾客和扩张市场份额，有效应对同行的价格战，并可以获得高于竞争对手的利润，同时可以对潜在的新进入者形成较高的进入壁垒。作为石油资源匮乏的欧美地区，为了最大程度地降低对石油的依赖、抑制消费，各国普遍对成品油消费课以重税，加油站的零售毛利却不足5%，加油站不得不想办法提高管理效率并降低油品销售运营成本。

一方面，大型石油公司通过资产结构调整和置换降低经营成本；另一方面，积极通过自动化设备投入，精简机构，减少人工成本和管理费用。1994年阿莫科通过上述措施，大幅度减少了管理层次，贴近了市场，贴近了顾客。每年节约大约12亿美元的税前开支，公司职工人数从1991年的54 120人减少至与BP合并前1997年的43 451人。随着世界对加油站行业的政策门槛逐步提高，加之行业内竞争日趋激烈，实施加油站自动设备改造和投入成为每一位加油站零售商的必然选择。

③ 实施中应注意的问题。纵观加油站的百年发展历程，

其发展既是不断满足顾客需求的创新过程，也是不断适应内外部环境变化的过程。在加油站信息系统建设和设备设施自动化、自助化改造的过程中，要注意以下几点：

要“软硬兼施”，忌“重硬轻软”。将以计算机为核心的信息技术应用到企业生产经营当中，提高管理水平、工作质量和效率，是加油站设备设施自动化、自助化改造的根本目的。我们既要认识到采用信息技术是提高管理水平最为有效的工具的观念，同时也要认识到加油站设备设施自动化、自助化优势的发挥，需要人的主观能动性和创造性的配合。

要“注重实效”，忌“贪大求全”。加油站在设备设施自动化、自助化改造的过程中，要充分考虑自身情况，切忌贪大求全、一哄而上，造成浪费。要围绕加油站重点管理环节、业务流程环节、确保加油站设备设施自动化、自助化改造取得实效，形成示范效应，从而推动加油站新技术新设备的有效应用。

要“统一规划”，忌“自成体系”。加油站在设备设施自动化、自助化、信息化建设的过程中要切忌避免出现自成体系、重复建设的情况发生。信息系统和自动化设备要统一标准和接口。加油站设备设施自动化、自助化建设必须站在企业的高度，实行统一规划、统一规范、循序渐进、统一建设。

政府和消费者对绿色环保的关注，促使加油站全行业向全方位“健康、安全、环保”发展

20世纪60年代，发达国家的“绿色思想”开始萌芽。20世纪80年代以来，全球掀起了绿色环保浪潮，“健康、安全、环保”意识开始向人类生活的各个领域渗透，并导致一系列以

“HSE”为代表的“绿色”新概念的出现。在此背景下，加油站必然要承担维护“健康、安全、环保”责任，这既是社会可持续发展战略的必然要求，也是消费者绿色、安全消费意识觉醒对加油站经营者的必然要求。

① 国内外加油站“健康、安全、环保”发展管理现状。目前加油站环保安全风险源主要包括：油品泄漏、油气挥发及外界人身伤害三类。根据这一特点，各国政府都围绕加油站环保、安全风险进行了严格的控制，制定了严格具体的法律法规。环保、安全要求已成为许多国家政府对加油站的标准要求。

1999 年，美国国家环保局（EPA）出台的针对加油站地下油罐的环保法规正式生效。从此开始，加油站进入了一个重组时期：由于符合 EPA 法规意味着需要对每个加油站投入大笔的改造费用，小的加油站不得不选择关闭。据统计，1997 年美国油罐渗漏事件共发生 1 818 起。法规发布后，到 2000 年发生了 1 205 起，到 2004 年仅发生了 645 起，明显呈现下降趋势，可以说该环保法规发挥了重要作用。

2005 年 12 月 5 日，美国环保署出台了新的石油污染法案，修正和扩展了防止石油泄漏的对策措施，这些政策值得引起我们进一步关注。

在欧洲十分重视加油站的 HSE 体系建设。在加油站的建设方面，欧洲有着一致性的严格的标准规范，督促和监管加油站地下油罐的油气挥发和泄漏问题，以满足欧洲一体化后的安全环保质量要求：一是针对加油站油气回收做了明确规定，个别国家还对加装油气回收装置的加油站实行补贴或税收减免的优惠。二是针对地下环境的保护，要求加油站建设必须设立专

门的油罐、管线检测设备，同时要求逐步推行“双壁储油罐”和抗腐蚀能力更强的塑钢复合管道，以保证油罐和管道不会溢出或泄漏，避免环境污染。三是尽管放松了加油站选址规划的限制，但对加油站的建设工艺和安全管理要求提出了更严格的技术要求。四是强化有关加油站环境污染及安全的立法和执法力度。五是各类先进技术手段的应用大大提高了加油站的安全防范能力。

国外加油站环境保护和安全管理的经验，值得国内加油站经营决策者借鉴。当前，党和政府在构建和谐社会的进程中已经把环境问题提高到了一个相当高的高度，针对加油站，北京市环保局也在2000年首次对加油站提出油气回收的要求，并在2003年7月发布了首个针对油品零售、运输行业的油气泄放的地方标准。2005年7月1日，《轻型汽车污染物排放限值及测量方法（Ⅱ）》国家标准（GB 18352.2－2001）正式实施，标志着全国进入“欧Ⅱ”时代。可以预见：今后加油站发展的环保趋势必将深刻影响整个加油站行业的发展进程。

② 优化油品技术参数，发展油品添加剂，实现高清洁油品的品牌销售。市场营销学近年来最流行的是概念营销，即先引导消费，再制造商品，俗称造市。概念销售是基于“需求是可以创造的”这一理念产生的。研究市场，下功夫创造和推动新的市场需求，使之形成潜在市场后，推出商品。

在市场细分的作用下，“绿色思想”催生了“绿色油品”的概念，如何做足概念，迎合顾客需求是加油站经营决策者必须思考的问题。一些国际大石油公司一方面在努力提升油品技术参数水平，提高燃烧系数高、降低污染度；另一方面在油品的销售过程中，企业独立推出了不同名称或品牌清洁油品，而

不再用品号的概念区别产品特质，如壳牌公司针对排气量3.0以上的高档轿车推出了99号汽油，其价格平均要比无铅清洁汽油高出20%。同时BP公司在油品中添加环保添加剂，推出了高清洁、利保养的“新油品”。尽管这些油品价格高，但因其污染系数低、能效高、利于车辆保养等优势而受到用户的青睐，极大提高了品牌认知度。

可以预见加油站油品品牌化销售将是加油站油品零售环保道路上的一个重要趋势之一。

③优化加油站设计，加大油气回收与防爆、防渗漏装置的应用，全面提升加油站建设标准。出于环保考虑，采用环保型设备将成为加油站的必然发展趋势之一。未来加油站将在满足功能需要的基础上，本着“健康安全环保”的原则，进一步优化加油站设计，全面提升加油站建设标准。这要求我们要逐步在加油站采用双层罐壁非金属材料储油罐，同时进一步在加油站建设中推进环保加油枪和加油泵设备选用。由于具备了一次、二次油气回收的功能，减少了汽油的挥发，即使顾客在加油站内吸烟打手机也将不再受到约束，加上完善的自动喷淋泡沫灭火系统、防静电系统、以及快捷的消防部门安全保障，这些都将在未来加油站的建设标准中一一实现。

成品油是关系国计民生的重要商品和战略物资，随着近年来经济全球化趋势的加快和国内市场的逐步开放，国内成品油市场正与国际市场全面接轨，竞争与挑战将成为国内成品油企业生存和发展的主体环境，作为成品油市场终端触角的加油站将更直接地感受来自市场的变化和来自同业的竞争冲击，加油站管埋也越来越受到内外部的重视和关注。

回顾加油站发展历程，探寻行业进步的轨迹，对未来发展趋势与前景进行预见和描绘，是石油销售企业制定长期竞争战略的基础，是顺应变革、创新满足顾客需求的前提，是提升企业价值创造能力的平台。

第5篇

整合营销

——营造顾客满意

营销是企业的基本职能，即通过识别顾客的需求，确定目标市场和价值创造取向。不同的营销观导致不同的竞争行为。

营销部门无法单独创造价值并达成可获利地营造顾客满意的目标，必须与其他部门密切配合，实施整合营销，实现由营销产品向营销企业、营销品牌的转变。

国内的油品销售企业经过市场重组和股份制改造，基本建立起了适应市场的营销体制。但是，由于长期在处于垄断地位的计划经济体制下运行，在面对即将全面开放的市场和激烈的竞争时，其营销观念不可避免地受到来自市场和竞争对手的冲击。其实，油品销售企业与世界先进营销管理水平的差距，更多地体现在观念方面。

科学营销观和艺术营销观

观念是行为的向导，有什么样的营销观念，就有什么样的营销行为。科学营销观就是在遵照经济规律和市场规律的基础上，经过总结先进企业和自身发展的成功经验，运用现代企业管理和市场营销的先进理论，结合自身的实际情况，确定地指导适合本企业营销工作快速、协调、可持续发展的营销观念。

科学营销观要求总结市场规律和营销经验，要求管理人员不断重复地进行“营销实践、制定规则、完善规则”的过程。这些规则就是控制过程的“流程”、控制行为的“规范”和控制结果的“标准”。各种规则在完善过程中协调发展，形成营销管理体系。

艺术营销观与科学营销观相对应。所谓艺术营销观，就是主张凭借管理者或营销人员的经验和灵感，在不同市场环境下创造性地发挥个人的主观能动性，利用各种独特的方法进行营销实践，争取最大限度地获得机会效益的营销观念。

油品销售企业在由计划经济向市场经济转变的过程中，由

于缺乏系统营销理论和长期经验，销售业务基本是在艺术营销观的指导下进行的。如树立典型、开动员会、开展运动等，这些做法在企业快速发展过程中起到了非常积极的促进作用。

■ 两种营销观念

灵活性：艺术营销观的强调灵活性应对市场和环境的变化，提倡审时度势、随机应变，将“规律”理解为“变化”，以结果来评判手段的合理性。科学营销观则要求全面分析市场和环境中可能出现的各种变化，以一系列的方案、预案等应对这些变化，将“变化”总结成“规律”，追求“过程合理”。

时效性：艺术营销观要求营销人员利用稍纵即逝机会，在竞争对手还没有来得及模仿之前获得利益。而科学营销观的要求通过不断加强过程管理和细节管理来降低成本，通过提高产品质量和服务水平来赢得客户。

重复性：艺术营销观看重机会，而机会本身就是具有不确定性，因而其经验不可重复使用。而科学的重要特征就是可重复，能经得起时间和空间的检验，科学营销的经验必须能够反复应用。

学习性：艺术营销观的成果是在特定的市场环境下由特定的人来完成的，学习者只能领会精神，感受成功人士的勇气、胆识，无法模仿。但科学营销观研究适合自身特点的普遍规律，其理论和方法可以被有条件地学习、模仿，甚至有选择地照搬。

发展性：营销人员根据市场和自身情况随机应变地采取的策略，无法适应企业长期发展的需要；而科学营销观从协调和可持续发展的角度，研究和运用市场及自身规律，因而具有发展性。

两种营销观是在不同的企业规模和市场条件下的不同管理

观念，并不存在优劣之分，也不是对立的。其实在大型企业内部的局部市场变化时，以及在科学管理的框架内的具体营销业务中，用艺术手法解决实际问题的做法也是保持营销业务持续的生命力，实现开拓和创新的最有效途径。

艺术营销观不符合油品销售企业发展。由于油品销售企业管理层次多、幅度大，艺术营销观及其管理方法无法适应这些企业进一步发展的需要。表现在难于实施长期的营销战略，协调下属企业难度加大，信息渠道不畅，上下级之间抱怨增多，营销政策无法持续发挥作用，执行力不强，对市场反应缓慢。

在艺术营销观的支配下，领导者以个人的职位和威信管理下属、以个人的习惯和意识管理企业、以个人的经验和能力做出决策，营销人员以个人的习惯对待客户、以个人的关系和机遇获得提升。由于没有系统的业绩评价标准，上级无法准确了解下级的业绩，导致重视个人关系胜过工作关系，非正式组织大行其道。

各销售企业在发展过程中形成了各自独特的企业文化氛围和利益格局。各单位、部门和个人之间的人际关系和工作关系相对稳定，不利于精简机构和人员、理顺业务流程。形成思想壁垒，难于深化营销体制改革。

在艺术营销观的环境下成长起来的大型营销企业，根据自己的客观条件和所处的市场环境形成了独特的管理机制和企业文化，造成整体政令不通、反应缓慢、行动迟钝。

必须清楚地认识到，在资源垄断的环境下发展起来的油品销售企业，取得的规模和成绩很大程度上是企业重组、改制等条件下自然形成的。在开拓市场的过程中形成的一些营销观念已经无法指导销售企业在开放的市场环境下，迎接越来越激烈的国际化市场竞争的需要。

■ 油品销售企业的科学营销观

两大集团重组以后，销售企业遇到了市场不规范、体制不完善、机制不健全等各种困难，实现了跨越式的发展。销售企业基本实现了由注重外延发展的网络扩张到致力内涵提高的管理进步的转变。要求指导营销业务的营销观念也必须有所转变。也就是说，营销观念要从“感性经营”向“理性经营”转变。

没有科学的营销观念，就不可能用科学的营销理论指导营销实践。当前，油品销售企业发展到了需要在营销观念上进行重新审视和探索的过程。通过对科学营销观进行理论结合实践的探讨，对指导销售企业的健康发展是及时和必要的。虽然在局部市场和特定环境下，针对具体问题还可以继续发挥艺术营销观的作用，但在全局和整体问题上，必须强调科学营销观。

科学营销观要求企业致力于营销业务健康、协调、可持续发展。从长期关注管理体系完善、销售结构合理、服务水平提高和市场份额稳定。企业应该通过科学论证，随时保持与自身发展相适应的网络开发和储运设施建设速度。要在明确自身所处的发展阶段和社会背景下寻找社会责任、企业发展、员工福利和经济效益等方面均衡发展。

对油品销售企业来说，科学营销观还特别要求运用现代科技信息和经济统计成果，准确预测市场趋势，把握市场供求总量的平衡。

科学营销观要求高层领导关注企业的长远目标和价值取向，致力于企业战略发展和营销体制改革。中层管理人员注重管理体系建设和机制完善。基层管理人员注重过程和细节管

理。通过不断改革管理体制、完善运行机制、改进业务流程、提高工作效率、降低运行成本来实现企业的目标。

科学营销观要求对国民经济有重大影响的油品销售企业与社会和谐共处、与商业伙伴合作双赢，与同行业理性竞争。企业致力于为社会创造价值，才能得到社会的承认，自身利益才能得到长期维护。

商业伙伴是企业的健康发展的重要保障，坑害合作者只能使本企业处于孤立境地，最终伤害自己。在市场开放初期，由于竞争过于激烈，容易激化矛盾，要理性对待竞争。

由于历史原因，油品销售企业带有明显的行政、区域色彩和官商作风。必须认真学习大型跨国公司先进的营销观念和管理体制，改革公司划分过细和行政区域观念太强的条块分割的体制，结合中国市场开放的进程和自身的现状，探索建立适合长远发展的营销管理体制。

科学营销观要求企业必须完善运行机制。建立完善的培训考核机制和选人用人机制、适合于人力资源市场的人才机制、完善有效的约束激励机制、绩效评价机制和福利薪酬机制，形成积极向上的工作气氛。

科学营销观要求健全的议事机制和决策程序，“把权力熔铸到制度中”。对各种议题要在充分调研的基础上，广泛论证，形成按规则而不是用权力来工作的氛围。其实，每个管理人员都要求有权力的公司是注定没有活力、效率低下的。简单地说，官僚主义就是“没有权力创造权力也要行使”的结果。

其实，真正的营销观念是科学性与艺术性的有机结合。这里提倡科学营销观是油品销售企业特定的历史背景和发展阶段决定的，要求改变艺术营销观主导营销业务的现状。

油品销售企业整合营销

依据整合营销理论创始人之一舒尔茨的定义，整合营销是指“制定、优化、执行并评价协调的、可测度的、有说服力的品牌传播计划，这些活动的受众包括消费者、顾客、潜在顾客、内部和外部受众及其他目标。”

整合营销以消费者为核心，通过重组企业行为和市场营销行为，综合协调地运用各种传播途径，以统一的期望目标和统一的形象，传递一致的信息，实现企业与消费者的互动沟通，迅速树立企业产品与品牌在消费者心目中的地位，建立与消费者具有特定价值倾向的关系，提高顾客的忠诚度，并最终实现塑造企业综合形象、提升企业品牌价值、强化企业核心竞争力的终级目标。

整合营销包括两个层面，一是横向管理职能的整合，包括战略规划、市场调研、广告策划、产品销售、储运配送、售后服务等部门的协调；二是纵向管理职能的整合，包括总部、分公司、地区营销中心与加油站的协调。整合营销的实质就是以

统一的形象、统一的策略、统一的产品与服务、统一品牌承诺获得顾客的认同与忠诚。因此，可以说，整合营销既是一种营销手段、理念和营销模式，更是一种沟通手段和管理体制。

对于中国石油成品油零售业务而言，整合营销就是由总部统一规划、策划、组织实施的，覆盖全部市场竞争区域的营销活动。整合营销是相对于前期各地公司以区为战、以省为战、以站为战的局部营销而言的全局性、共性营销活动。

局部营销多以业务宣传、企业介绍、产品促销为主，局部营销以提高销量为目标。整合营销则以企业品牌、形象、理念、文化宣传为主，重在塑造企业品牌内涵、求得社会认同，整合营销以展示企业形象、改善企业竞争环境、提高企业美誉度为目标。

营销是成品油零售工作的重要组成部分，虽然中国石油已建立了覆盖全国零售网络，但由于成熟市场区域与新开发市场区域的竞争环境不同，难以实施统一的营销活动。加之信息化建设的局限，无法通过整合营销充分发挥中国石油零售网络的巨大优势。由于缺乏整合营销规划，各地区公司在开展营销工作中，只能针对本地区的特定市场状况，从产品的物质形态层面进行宣传，如有奖促销、真情回馈、累计积分等。难以在消费者心中树立企业形象和品牌期望，而世界跨国公司的发展历程证明了拥有品牌比拥有产品更有竞争力和生命力。

■ 整合营销的内涵

按照市场营销理论对产品属性的界定，产品的属性由内向外可以分为核心产品、物质产品和外延产品三个层面。

核心产品是企业为顾客提供的核心功能，如顾客到宾馆是

为了休息，司机到加油站加油是为了继续行驶。核心产品是一个企业的战略定位，提供顾客需要的核心产品是企业存在的理由。核心产品的功能不随时间而改变。

产品的第二个属性是物质产品，包括产品的数质量等物理特性，是顾客看得见、摸得着的实物形态。如宾馆的设备设施、加油站的站房和加油机等。

产品的第三个属性即外延产品，由产品的品牌、顾客的期望值等构成，如五星级宾馆给顾客带来的荣耀和体验。在加油站，外延产品表现为品牌、服务氛围与服务承诺等方面。

目前，各地区公司在营销中多以产品的第二层面，即产品的物质属性为营销工作重点，如累计优惠、免费服务、数质量保证等，而在产品的核心功能和品牌内涵方面宣传较少。

整合营销，就是忽略具体产品与服务形式的差别，宣传企业整体共性的属性，是顾客对企业有共性的、长久的认识。对于连锁经营企业，整合营销不仅非常重要，更是与非连锁企业竞争的利器。

整合营销的目的性要求以产品的核心功能和品牌内涵为主，即从企业的定位、基本功能、价值观与核心理念等层面进行宣传，力求得到社会的广泛认同。对于中国石油零售业务来说，整合营销就是要宣传中国石油的共性品质，宣传中国石油长久不变的承诺。片区和单站可以宣传价格优惠、服务促销等个性化、差别化营销措施，而中国石油整合营销则应宣传中国石油为顾客创造的价值和对顾客的关爱与承诺。如中国石油统一的“诚信、创新、业绩、和谐、安全”的核心经营管理理念，各加油站都要遵照执行的“加油十三步曲”、“收银六步曲”。

归纳而言，整合营销主要包括以下方面的沟通宣传：

①企业定位，包括企业的市场定位和产品的功能定位；

②企业品牌内涵及发展演变历程；

③企业文化，包括企业精神、核心经营管理理念、行为规范等；

④企业的社会责任，包括企业对所有者、顾客、员工、国家和社区的责任及促进社会进步的义务；

⑤公共关系，通过重大社会活动宣传企业形象，提升企业品牌的亲合力，如警察汽车拉力赛赞助活动；

⑥企业形象宣传，如媒体广告、新闻报道等。

整合营销是一个长期的系统工作，企业综合运用多种形式的传播媒介，通过对所传播的内容的有效协调与控制，将企业的价值观与理念、品牌内涵与品牌联想灌输给消费者，强化消费者对企业品牌的认同与忠诚，并实现与竞争对手的有效区格。

■ 整合营销的策划与实施

整合营销的特定内涵要求整合营销工作必须整体规划、统一实施。

规划就是确定未来一段时期内做什么、如何做。是对未来一段时期内整合营销工作的谋划。以中国石油零售业务现状和未来发展目标为例，分析确定整合营销的工作重点和分步实施方案。整合营销规划主要包括以下方面。

① 整合营销的目标。

没有目标就没有方向。基于中国石油零售业务发展历程和竞争现状，应将近期整合营销目标确定为企业沿革与发展历

程、企业定位、企业品牌内涵及企业文化的宣传，最终要在消费者心目中树立卓越品牌形象。

实现整合营销的总体目标，需要分阶段的分解实施。在不同时期确定不同的工作重点和实施计划。目前，中国石油的整合营销工作宜分三个阶段组织实施。

阶段一，中国石油创业发展史宣传。虽然几乎每个中国人都知道大庆油品和铁人精神，但很多人都不知道中国石油天然气股份公司与大庆油田、铁人精神的关系，不了解中国石油股份公司的历史渊源和品牌由来。宣传中油创业史与扩大知名度是本阶段的工作目标。

阶段二，中油成品油与零售业务定位宣传。中油成品油零售业务已建成了覆盖全国的网络，是社会正常生产生活秩序的保障者，在局部地区出现“油荒”时期，中国石油的加油站以社会责任为重，体现了企业的社会责任感。

我们不仅要告诉广大消费者中油股份公司的创业发展历程与上下游一体化的雄厚实力，还要告诉消费者我们的企业定位——即我们是做什么的。

就中油股份公司成品油零售业务而言，应定位于经济发展与社会进步的驿站。是建立在中油成品油零售业务定位中油股份公司的上游资源保证和公司对实现能源与环境的和谐的全社会可持续发展的目标的不懈追求和基础上的。

上述定位可以保证中国石油成品油零售业务的基本定位和核心功能不随时间和产品的改变而改变，即不论我们是销售高清洁汽油，还是销售乙醇汽油，或是车用天然气，或是其他替代车用能源，如电、氢等，使我们为车辆提供继续行驶的能量保证的功能不会改变。

明确定位并传递到每位消费者，不仅可以使我们坚定不移地发展我们的核心业务，而且可以有效地赢得消费者的认同和忠诚，与顾客建立长期合作关系，由一次性交易向一生的交易转变。我们要通过对零售业务定位的整合营销，明确告诉消费者我们是其获得不断前进的首选后期保障，我们对顾客的承诺将不随时间地点而改变。

阶段三，企业文化与品牌期望宣传。包括由核心价值观、员工行为规范和质量控制机制等涉及企业在处理与消费者利益关系时的基本准则和行为规范。借以在消费者心目中树立品牌期望，即消费者看到中国石油加油站，就能联想到应得到的产品与服务质量保证，就如同我们迈进麦当劳时，我们就对将要购买的产品与服务标准已心中有数，不会因对产品及服务质量的怀疑而踌躇不前。

② 整合营销的途径与工具。

整合营销的通用性和广覆盖性要求选用大众媒介进行营销，如电视、报刊、广播、路牌广告、公益活动、突发事件等。

电视广告。电视广告的广覆盖性、可视性和可重复性，是以大众消费为特征的成品油零售企业整合营销的首选工具。同时，电视广告的广覆盖性和较高的成本，是社会经营加油站所无法利用和抗衡的营销手段。同理我们在电视中经常见到麦当劳与肯德基的广告，却看不到其他餐馆的广告。

报刊杂志等平面广告媒体。优点是覆盖较广，可流转传阅，可重复，且成本相对电视广告较低，缺点是表现力有限，平面广告对于主题宣传、理念阐释、活动促销及信息告知较为有效，且可依营销目标的不同而选择不同的媒体。

公益活动。利用广受瞩目的公益活动的机会宣传企业的“诚信、创新、业绩、和谐、安全”的核心经营理念，树立关爱生命，保护环境，在消费者心目中承担责任、共同创造好生活的企业形象，是各企业都非常重视的营销宣传，如BP公司赞助儿童交通安全教育、壳牌公司赞助国内中小学生的美化环境活动。

危机处理。任何企业都不能完全杜绝危机的出现，正确面对危机，科学化解危机和善用危机展示企业的社会责任感和对顾客的承诺，则是营销的至高境界，如汽车厂商的召回行动。事实证明，勇于承认失误并召回汽车的厂商，比出了问题而遮遮掩掩的企业更能树立负责任的形象并得到消费者的赞许，其产品质量更易得到消费者的认可。

企业重大经营活动。如统一的产品升级换代活动，企业标识的改变等，每次的重大经营变化，既是挑战，更是机遇，是企业改变旧的经营方式，树立新的形象的良机。BP公司经过几次的标识改变，在消费者心目中树立了环保能源供应商的形象。

主题宣传。全公司统一布置的主题宣传活动，是有效的直接面向顾客的整合营销活动。如汽车厂商举办的新品上市，全国优惠月活动等。

■　整合营销的实施主体

整合营销既是一种营销理念，更是一种营销管理体制。通过建立统一的整合营销管理部门，规划公司的整体营销战略，统筹企业的内外部信息资源，实现企业内部管理信息的整合和对外传播信息渠道的整合，实现“一个观点，一种声音”。

通过建立相应的管理机构或管理机制，可以实现企业营销信息的纵向一致性和横向一致性。纵向一致性，即整合营销中所传递的信息中体现的企业的宗旨、价值观与理念、经营战略与策略的长期一致性；横向一致性，是指企业在同一时间内通过各种媒体、营销渠道所传递的信息的一致性。作为一致性的组织与机制保障，企业内部必须建立相应的机构或明确相应的职责，即专人专责统辖整合营销活动。

整合营销的战略定位，规定了其实施的主体只能是企业营销总部或下一级的地区经营中心，而不能层层下放权力，各自为政。

就目前中国石油成品油销售体制而言，整合营销战略规划应由总部加油站运营管理部门负责制定并指导实施，涉及全局的重大营销活动由总部统一设计组织实施。在规划实施过程中，应以总部加油站运营管理部门为主体，积极吸纳专业研究机构的专业支持。

对于需按成熟市场和新开发市场分别营销的活动，可由省级以上公司组织实施，但在实施中需要注意省与省之间的协调联动。

随着中国石油零售网络的完善和管理水平的提高，整合营销比重将越来越大，单站促销将越来越少。品牌与文化营销将越来越受到重视，礼品赠送等小恩小惠将逐渐被取代。

■ 整合营销的基本原则

整合营销是中国石油零售网络发展到一定阶段、规范化管理达到一定水平、市场竞争上了一个新台阶后的必然选择，但强化整合营销，并不是否定各地区针对本地市场消费偏好而实

施的一站一策的点对点营销，二者是整体与部分、普遍与个别的关系。

① 统一规划原则。

整合营销必须统一规划，协同实施，坚持整体利益大于局部利益、长远利益大于短期利益。统一规划原则也可称之为局部服从整体的原则。

整合营销的定位要求必须在企业长远规划之下进行阶段分解和目标分解，并通过不同形式的整合营销策划予以实施。实施整合营销，必须防范本位主义，避免强调地区的差异性而损害整体的一致性。

我们环视一下麦当劳和肯德基，就会明白统一性对于塑造知名品牌的重要性。

② 针对性原则。

所有的整合营销活动，必须强调营销活动的针对性和营销手段的适用性。

针对性就是要从受众需求的角度出发，提供受众需要的信息，比如，对于私车车主，满足其对质优、量足、价廉的诉求比提供锦上添花的小礼品馈赠更有效。对于企业主，提供免费车辆加油管理和长期加油优惠更能获得长期合作。对于单位车辆司机，满足其加油过程的体验更易获得认同。

适用性就是要依据目标受众的特征选择合适的传播媒介。比如，对于阅读能力弱或没有阅读习惯的人，电视传媒比报刊杂志是更合适的选择；对于经常乘飞机旅行的人，机上读物是更好的选择。

③ 循序渐进原则。

整合营销活动必须坚持由表及里、循序渐进的原则，在消费

者对企业的产品缺乏感性认识和体验、对企业的发展历史及实力缺乏基本完整的认识前，宣传企业的理念与价值观将会事倍功半。

坚持整合营销的循序渐进原则，就是要让潜在消费者对企业由不知到知、由知少到知多、由知表到知里、由知具体到知抽象的过程，最终在消费者心目中树立中国石油的独特品牌形象。

④ 提升品牌价值原则。

整合营销活动的长期目标是提升品牌价值。整合营销不是短期促销，是基于企业核心价值观与核心理念的品牌内涵的宣传，通过完整、渐进的信息传递，以期将消费者对企业品牌的认识由物质产品层面提升到核心产品层面，即将企业的定位与宗旨准确告知顾客。如柯达公司为顾客“留住美好记忆”的企业定位，中国石油“奉献能源、创造和谐”的企业宗旨。

随着市场竞争的改变，企业的物质产品可以改变，但企业的定位与宗旨不会改变。企业品牌的核心价值恰恰是建立在不随时代而变迁的核心价值观与核心理念之上的。因此，在实施整合营销过程中，一切与提升企业品牌价值相抵触的短期利益行为都是不可取的。

整合营销既是新的营销理念，也是企业内部营销机制的整合与再造，是企业营销网络基本完善、产品与服务基本统一规范、企业核心价值观与核心理念逐渐清晰基础上的营销战略与策略的提升，是企业综合竞争实力的体现。正如舒尔兹所述，“整合营销传播的意义是很单纯的，透过使用一些根据消费者需求所衍生的沟通方式，可以为企业的产品建立起一种认知价值，并使企业的产品在消费者心目中与竞争产品产生区别；如果消费者对企业的产品的认知价值持续地高于竞争对手，那么消费者就会对企业的品牌维持忠诚”。

第6篇

客户保留

——客户关系管理

现代加油站的竞争不仅要销售高质量商品，而且销售高质量的服务和满意。

市场的竞争就是对客户的竞争，是否拥有客户不仅取决于所提供的产品与服务，而且取决于加油站与客户的关系状况，良好的客户关系是制胜终端的竞争利器。

20世纪70年代后期，一位西方学者撰写了一篇名为《从产品营销中解放出来》的文章。文章对当时以产品、价格、质量、销售渠道占主导地位的市场营销理论进行了拓展和提升，提出服务营销理论，进而推进各行业开拓出了服务这一新的竞争领域。服务营销理论在竞争中得到了不断充实和完善，至80年代初期已基本进入了以服务营销体系占主导地位的市场营销时代。

虽然在国内的局部地区出现油品短缺，但就整体经济发展和市场竞争格局而言，我国已进入买方市场，进入了相对过剩时期。市场竞争的焦点也已由产品数质量的竞争、价格的竞争转为服务的竞争、品牌的竞争，品牌与服务已成为竞争的新焦点和企业提升市场竞争力的现实要求。然而，现实中，在各个服务领域特别是传统企业的服务工作上，服务意识不强，服务观念滞后，服务形式单一性、趋同性、表面性、粗糙性等问题还普遍存在，与现代营销体制中的服务标准还有相当差距，还不能把服务做成核心竞争力。

在西方发达国家，政府或投资者评价一个企业成功与否的两个最重要的标准就是顾客满意度和员工满意度。因为，顾客满意度关系到企业的市场占有率和企业的发展，这就需要员工要树立良好的为顾客服务的意识；员工满意度关系到产品的生产率、质量、信誉和创造力，这又要求企业管理人员要树立为员工服务的意识，这一评判标准同样适应于成品油销售企业。

采用培训、教育、讨论、谈心等多种方式，帮助员工树立顾客至上、顾客需求至上，顾客就是油站的“衣食父母”的思想观念，并强调在为顾客服务的过程中要注重与顾客进行良好交流与沟通，尽量淡化商品交易气息，努力营造出服务过程中

的亲情氛围，树立起员工为顾客服好务的意识。通过层层树立服务意识，人人都变成了服务者，同时，人人都又成了被服务的对象，感受到了“上帝”的感觉，形成了油站管理人员用真情激发员工工作热情，员工又把自己的热情奉献给顾客，顾客再以忠诚回报油站的这样一个良性回报循环圈。施行“人本化”管理，为作好服务工作提供精神支持。

面对激烈的成品油终端市场的竞争，加油站如何不断改进客户服务和建立好的客户关系显得尤为重要。因此，建立完善的以客户为中心的客户服务和客户关系体系，是加油站发展的必然选择和必由之路。

服务是石油销售企业永恒的主题，服务已成为加油站竞争新的焦点和提升市场竞争力的现实要求。随着油品市场竞争的日益激烈，尤其在油品基本同质化时代，竞争对手销售策略与战术不相上下，良好的服务就成了赢得竞争的关键，提升加油站竞争力的最好办法就是致力于产品与服务的持续改进。

客户服务

所谓服务，就是具有无形特征却可给人带来某种利益或满足感的可供有偿转让的活动。

加油服务是加油站经营活动的中心，与此相关的还有其他延伸服务，如便利店、车辆保养维修，餐馆服务等。服务服从销售油品的需求，服务帮助实现油品销售，提升加油站的服务层次和服务质量有助于油品销售。

加油现场的服务与有形的油品紧密联系，有形产品与无形服务之间并不存在完全的界限。加油站根据经营条件与经营环境的不同，提供的服务也不同，不仅在销售油品上提供服务，还把服务扩大到客户管理等方面，因此服务还具有多样性和广泛性。

■ 服务的特征

服务与有形商品有所不同，无形性、差异性、不可分离性和不可贮存性是被公认的4个最基本的特征。

①无形性。市场营销学家认为无形和有形是服务和产品的最主要区别。无形是服务最明显的特点，让人不能触摸或凭视觉感到其存在。其次消费者在消费服务后所获得的利益，也是很难被察觉。或是要经过一段时间后，消费服务的享用者才能感觉出利益的存在。服务的这一特征决定消费者购买服务前，不能以对待实物商品的办法如触摸、尝试、聆听等去判断服务的优劣，而只能以搜寻信息的办法和自身的历史体验来判断。

②差异性。差异性是指服务的构成成份及其质量水平经常变化，很难统一界定。

服务的差异性是服务人员素质的差异所决定，也受顾客本身的个性特色的影响。一方面，由于服务人员自身因素（如心理状态）的影响，即使由同一服务人员所提供的服务也可能会有不同的水准；另一方面，由于顾客直接参与服务的生产和消费过程，于是顾客本身的因素（如知识水平、兴趣爱好等）也直接影响服务的质量和效果。

③不可分离性。服务的不可分离性是指服务的生产过程与消费过程同时进行，服务的过程中消费者与生产者直接发生联系，服务生产的过程也就是消费的过程。

④不可贮存性。服务的不可贮存性是由其不可感知性和服务的生产消费的不可分割性决定的。服务是一种在特定时间内的需要，不可能把它贮存起来等待消费。因为服务的产生与消费同时进行，当消费者购买服务时。服务即产生，而当没有消费者购买服务时，服务的提供者只好坐待顾客。

■ 服务的形式

加油站规范化服务具有服务的物质性和依赖性两个特点。

加油站根据实际情况的不同，服务的形式也不同，一般主要有售前、售中、售后服务3种方式。

售前服务是指销售之前的油品咨询、形象宣传、包装策划、技术指导等工作。加油站可以利用售前服务，对顾客进行宣传、引导，帮助顾客明确购买需求，指导顾客选购适合自己使用的油品，为后期销售进行铺垫。加油员工可以通过宣传栏、宣传单、讲解、解答问题等形式宣传油品的特征、价格、服务等优势，最后帮助顾客作出购买决策。

售中服务是指在商品销售过程中，帮助客户解决各种困难，提供他们所需要的各种服务设施和项目。加油站售中服务主要是做好加油服务，加油时要从员工形象、服务态度、服务语言、服务效率、油品质量和数量等方面为顾客提供快捷准确、动作规范标准、礼貌热情，质优量足的服务。售中服务兑现售前的服务承诺，为顾客提供所需的各种服务设施和项目，满足顾客需要。

售后服务是指帮助顾客解决油品使用中可能出现的各种问题。如质量问题、使用提醒与指导等。加油站通过座谈会、走访客户、与老客户保持联系等形式，征求顾客的意见和建议，改进服务工作，保障顾客使用产品中出现的问题随时都可以解决，以提高加油站的声誉，扩大油品销售。

■ 服务理念

核心服务理念的确定是服务设计的基础，服务理念的合理性和科学性，最终影响到服务产品的提供和顾客的满意。树立以客户为中心的服务理念是决定一个企业生存发展的重要因素，要真正做到以客户为中心，就必须真正按客户的需求提供

服务。

确立以客户为中心的服务理念主要包括以下两个方面的工作。

一是排除客户服务障碍。在进行服务改善时，往往会遇到一些障碍。有的障碍来自一线员工，有的来自管理人员，有的来自本已僵化的企业文化。为客户服务，没有说“不”的理由，只有尽力为客户解决问题。当真正做到关心每一位客户时，就一定能够扫除任何服务障碍，即使是由企业文化、行为习惯造成的障碍，也一定可以克服。

二是认清客户服务的根本问题。首先，客户的感受是最直接、最重要的，要重视客户的感受，企业的服务必须具备最高标准；其次，影响服务表现的关键因素是人，特别是处在销售第一线的员工，他们面对客户，对问题的处理及应付，会直接影响到客户满意与否；第三，要了解客户期望的服务究竟是什么，平时就要细心向客户请教，耐心听取客户的意见，树立明确的以客户为中心的服务理念，拟定相关的改善方法，然后付诸行动。

服务是加油站生存的命脉。加油站只有完善的服务才能逐步发展。服务要求把顾客放在加油站首要位置上，树立以顾客为中心的服务理念，建立完善的服务策略，时时以顾客为尊，倾听顾客的心声，关心顾客的冷暖。做到售前、售中、售后服务一致，满足顾客需求，顾客忠诚将是最终的自然结果。

■ 服务规范

加油站的服务是由加油员工提供的，在提供服务的过程中，因为加油员工的水平、理解程度、环境、顾客配合等方面

存在差异，服务质量也不易控制。因此，加油站推行规范化服务，从服务过程、服务内容、服务要求及考核监督、控制等方面进行规范。

加油站规范化服务是加油员工做好顾客的油品销售和各项服务工作的标准化、程序化、制度化、科学化的服务行为准则。通过规范化服务，有利于提高员工思想、业务素质、推动加油站经营管理水平，有利于提升加油站和油品的品牌形象，增强竞争能力，有利于顾客对油品的认同，形成稳定的客户群体，增加油品的销售量。

建立标准化的服务规范，应从顾客期望或要求出发而制定。加油站按顾客导向标准坚持服务宗旨和服务承诺，更好地满足顾客的期望或要求。采用顾客导向的服务规范标准，能给加油站带来更多的顾客，增强加油站的营销竞争力。在建立制定标准化服务规范过程中，加油站要按照顾客的期望或要求衡量现有的服务过程，删除那些对顾客价值不大的服务活动和降低那些超出顾客要求的服务标准，以节约加油站的服务成本。

标准化的服务规范应从顾客对服务的期望出发，以顾客满意为目标。《服务规范》从服务要素、现场管理和销售管理等方面对服务规范作了具体要求。

服务要素，包括：员工形象、服务态度、服务语言、服务效率、商品质量、商品数量、商品价格、安全保障等。

现场管理，包括：工作纪律、形象标准、营业氛围、环境绿化、卫生管理等。

销售管理，包括：经营纪律、营业准备、加油操作、收银操作、便民服务、客户专业化服务、顾客投诉处理等。

客户服务技巧

加油站应策略地使加油服务有形化，以帮助顾客识别和了解服务，促进服务营销。加油站应通过改进服务技巧化，扩大服务的魅力和优势，以达到吸引顾客，增加销量的目的。

■ 客户服务类型

①随机客户服务。即加油站帮助客户处理他们通过各种渠道随时提出的问题、建议、投诉和咨询，让在加油站上消费的客户得到很好的技术支持，让潜在的客户获得满意的相关信息。

②定期客户服务。即加油站提供给与之签订合同的客户的服务，如：送油时间约定、定期提供油品价格、库存等。

③完整的客户服务体系。这是一个要求较高的服务类型，需要有成熟的条件和先进的技术支持。

在加油站服务中，我们同样倡导市场营销理论中的“一对一”营销服务，首先为特定的客户提供个性化的服务，为其所

需的产品进行配置化；其次对客户使用产品情况进行跟踪；再次对信息进行检查，及时了解、掌握客户动态、费用支付情况；最后进行协议服务，及时按协议严格履行承诺、兑现服务。

“一对一”服务，就是要求员工通过与每一位顾客进行一对一沟通，建立起一种新型的学习关系，明确并且把握住自己的每一位顾客需求，并用不同的方式来满足他们，以更好地实现加油站的利益。

④客户关怀。客户关怀就是加油站在语言上、行动上对客户表示的关心，体现了客户关系管理中“想客户之所想”的思想。客户关怀贯穿于整个市场营销的所有环节，加油站应该根据自身的实际情况制定自己的关怀策略。从关怀频度、关怀内容、关怀手段、关怀形式上制定计划，落实关怀。

关怀计划又分常规性与非常规性两种。常规性关怀计划包括售前、售中、售后服务中例行的关怀，针对不同类型的客户的常规关怀；非常规性关怀计划包括针对临时性事件，突发事件、偶然巧合事件而进行的关怀活动。

客户关怀的手段指加油站与客户交流的手段。如主动上门拜访、电话营销、网站服务、呼叫中心等。加油站要充分利用数据库信息，挖掘潜在的客户。通过电话主动拜访客户，以达到充分了解客户，充分为客户着想的服务理念；同时加油站要善于利用公司网站，为顾客提供及时且多样化的服务；在条件允许情况下，加油站还可以设立客户服务中心（呼叫中心），通过公开电话号码，为客户提供电话服务。

■　客户服务现场

加油站服务现场是服务工作的基本活动场所，服务离不开

现场，服务质量在很大程度上取决于服务现场管理。

一般情况下，服务现场需具备以下四个因素。

服务对象，即被服务者。如加油站内的顾客、加油的车辆等。

服务者。加油站的提供服务者即加油员工，没有加油员工参与的服务活动，形成不了服务现场。

设施与材料。服务者依靠一定的物质条件为顾客提供服务。加油站的物质条件包括加油机，油罐和管线、电气设施、齐全的油品等。无论设施简单还是复杂，材料多还是少，都是服务现场不可缺少的物质条件。

场所，即加油站服务现场。这个场所可以是固定的也可以是变动的。服务对象、服务者和服务条件三者的结合构成了具有服务活动的服务现场。

从服务过程与顾客的关系看，服务现场可分为：

①直接服务现场。

加油员工在加油站加油的活动等都属于直接服务，面对被服务者需求的服务活动所构成的现场都是直接服务现场。

直接服务现场的核心是“人”。直接服务现场的服务活动是以被服务者为中心进行的。而服务者是直接服务现场的关键人物。加油站的服务是通过加油员工来实现的。他们的一言一行代表了加油站，代表了加油站的服务质量。必须重视直接服务现场的服务者素质的提高。

②间接服务现场。

间接服务现场是指不直接面对顾客的现场。加油站的油品配送与贮存、加油机维修与保养、安全检查等活动所构成的现场都属于间接服务现场。

间接服务现场的活动是为了保证直接服务现场活动能正常和优质进行。直接服务现场不能脱离间接服务现场，直接服务现场活动的优劣在很大程度上取决于间接服务现场的工作，有时还起着关键性的作用或决定性的作用。如加油站出现油品断油，加油机出现故障不能正常工作等。为了保证直接服务现场的服务活动正常、优质地进行，必须管理好间接服务现场，重视间接服务现场的质量。

■　服务现场的管理

服务现场的管理是以满足顾客的物质需求和精神需求为目的的，也就是要尽可能满足顾客对功能性、经济性、安全性、时间性、舒适性和文明性的要求。为了满足这些要求，就要对人、设施、材料、方法和环境等五大因素进行控制。就加油站来讲，可以从以下方面来开展服务现场的管理工作。

①油品质量管理。加油站油品质量管理，是加油站信誉和进行优质服务的根本保证，是加油站创品牌的重要条件。加油站经理对油品质量负有第一责任，加油站员工关心维护油品质量义不容辞。

②加油站设备的管理。加油站应建立和执行完善的设备管理、维修保养制度，设施故障或不完备，就不能进行服务工作。设备的管理这不仅涉及顾客的物质需求能否得到满足，而且也涉及安全保证的大问题。

③现场环境与安全管理。加油站每时每刻都在和顾客打交道，人是最宝贵的。在服务过程中保证顾客和加油员工的人身安全是第一位的。当然，也还要保护加油站财产的安全和顾客财产的安全。在服务过程中出现的人身事故、火灾、盗窃和其

他犯罪活动，都是现场安全的质量管理需要研究的问题。

现场环境的质量是创造一个整洁、美观、舒适、方便和有秩序的服务场所。这样可以起到两个作用。首先是为了顾客，满意顾客物质和精神上的需求，它将获得顾客的好感和信任，使他们愿意再次光临；其次，一个好的服务环境，会使员工精神焕发，不易疲劳，有利员工的身心健康。

④质量信息管理。服务现场对服务需求质量和服务工作质量的反映最为灵敏，是各方面质量的汇合点。加油站通过现场可以得到客流规律、客户的基本状况、市场趋势、油品销售情况、顾客对加油站的意见和建议等信息，对相应的信息应及时收集、整理、分析。

⑤人员管理。人员的素质和能力的管理是现场质量管理的中心环节，注意了服务工作中的物资、设备、安全和环境，进行了规范化的服务，这一切都靠人来实现的。要想把现场服务的质量搞好，关键在于人的素质和积极性。加油站应高度重视提高加油员工的综合素质和调动员工的积极性。

服务质量控制

服务质量包括服务的安全性、适用性、有效性和经济性等一般要求。

鉴于服务交易过程的顾客参与性和生产与消费的不可分离性，服务质量必须顾客认可，并被顾客所识别。服务质量的内涵包括以下内容。

服务质量的评判具有很强的主观性：在一定的环境和道德前提下，消费者根据自身的需要和期望，对服务质量进行主观评估。

服务质量具有绝对性：无论制造生产哪类产品，都需要服务。

服务质量具有变动性：当顾客的品味改变或提高以后，服务质量也应随之改变或提高。

企业必须提供高质量的服务。通过采用严谨的策略和制度，加强员工管理，来满足或超常满足已有的及潜在的内部和外部顾客的要求与愿望。

服务质量的提高，可以提供比竞争对手更多的价值。获取更多的市场份额，并可为每个员工提供良好的发展空间和工作环境。

■ 加油站服务质量测定的标准

加油站服务质量的测定是加油站对顾客感知服务质量的调研、测标和认定。从管理角度出发，加油站优质服务应符合以下标准。

①规范化和技能化。顾客对加油站绝对的信任，加油站员工有必要的知识技能，规范作业，为顾客解决疑难问题。

②态度和行为。顾客感到加油员工以友好的方式主动关心照顾顾客，并以实际行动为顾客排忧解难。

③可亲近性和灵活性。顾客认为加油站的地理位置、营业时间、加油员工和营运系统的设计和操作便于服务，并能灵活地根据顾客要求随时加以调整。

④自我修复。顾客知道，无论何时出现意外，加油站将迅速有效地采取行动，控制局势，寻找新的可行的补救措施。

⑤名誉和可信性。顾客相信，加油站经营活动可以依赖，物有所值。相信加油站的优良业绩和超凡价值，可以与顾客共同分享。

■ 影响加油站服务质量的原因

美国著名学者贝里等人提出的差异理论可以用来分析服务质量问题产生的原因。差异理论认为，顾客感知服务质量的高低决定了顾客对服务质量的评估，而顾客的感知服务质量又取决于服务过程中顾客的感觉与顾客对服务的期望之间的差异。

这里所谓的感知服务质量就是指顾客所做出的与服务是否优质有关的全面的判断或看法。顾客的感觉是“顾客关于所接受的及所经历的服务的感觉”，而顾客的期望则是客户的愿望与需求。

服务的优劣是相对于被服务者需求而言的，影响加油站服务过程中顾客的感知服务质量的差距主要有：

①顾客对加油站服务质量的期望与加油站管理人员对顾客期望的理解存在差距。这种差距的存在，会误导加油站的决策方向。如果加油站的服务质量标准是加油站管理人员主观臆测制定的，那么员工的服务行为就要被一个错误的标准所误导。遵照这个标准是不可能让顾客满意的。

②加油站管理人员对顾客期望的理解与其所制定的服务质量标准之间存在差距。

③加油站的服务质量标准与员工实际提供的服务之间的差距。

④加油员工实际提供的服务与加油站在促销活动中宣传的服务质量存在差距。

提高加油站服务质量的策略

顾客的需求是“水涨船高”的，加油站要能在市场竞争中赢得竞争优势，必须不断进行服务改进和创新，提高服务质量，赢得顾客信赖。

■ 实施服务满意度绩效考核

为了提高加油站的服务质量。应把顾客对服务质量的满意度列在重要位置，开展服务承诺。在现代服务营销活动中，由于人们的价值观、时间观念的进步，加油站推行服务承诺的必要性更强烈，顾客对加油站推行服务承诺的期待也更强烈，具体的执行策略归纳如下。

①制定高标准。给予无条件的满意保证。不论时间如何变化，顾客所期待与实际得到的服务都能保持一致。

②不惜付出相当的赔偿代价。不管提出什么保证，赔偿代价都要有相当的意义，才能吸引心存不满的顾客主动前来抱怨，有效地挽回失望的顾客，刺激加油站吸取失败的教训。

③特别情况特别处理。

④提供简洁的保证。加油站的服务保证，必须言简意赅，让顾客一看便知。

⑤化解顾客申诉的程序。加油站提供服务应多花一些心思与代价，尽量减少申诉过程中的不便，才不致于既流失顾客，又失去申诉中学习改善的机会。

■ 管理人员高度重视服务质量

加油站管理人员对加油站服务质量的高度重视是提高服务质量获取优质服务的关键。只有管理人员在思想上树立优质服务的观念，重视服务质量，才能根据顾客的需要和期望制定有效的服务质量标准和采取有力的质量管理措施，也只有管理人员高度重视服务质量，并把这种理念传递给了员工，员工才会重视服务质量，才会尽力严格执行服务质量标准。

①加油站管理人员要树立优质服务的理念，并成为这一理念的传播者，才能使得加油站全体员工都能树立优质服务的理念，有关重视服务质量的方案才容易得到支持，相应的措施才能易于执行。

②加油站管理人员在管理中要建立有效的服务质量标准，并对服务质量做出具体的承诺。做出了具体的承诺，责任感增强了，也就会促使员工积极去行动，以达到承诺的实现，也可以更加有效地督促员工努力实现优质服务。

③加油站管理人员要加强现场领导，深入服务现场观察，了解加油服务工作情况，听取顾客和员工的意见和建议，指导、帮助、激励员工做好服务工作。

■ 重视加油员工服务技能培训与激励

加油员工是加油站服务行为的提供者。因此，加油员工的素质、知识、性格等都会影响到服务质量。提供服务的过程是一个需要知识和技能的互动过程。从加油员工本身来讲，要寻找机会学习和积累经验，从加油站来看，则应当为加油员工提供尽可能多的服务理论、操作方法和服务技巧方面的培训。加油站新聘员工的岗前培训和加油站员工的日常培训工作由加油站经理负责。

加油员工是服务的提供者，加油员工能否积极地、主动地提供服务与服务质量的优劣与否关系密切。因此，加油站应该制定有效的激励机制，以充分调动加油员工的积极性，激励他们努力提供优质的服务。

要建立有效的激励机制，首先必须建立一个科学的评估标准，尤其是要改变过去那种偏重数字绩效（如营业额、接待顾客人数等）的评估标准。因为加油员工会尽力完成数量指标，而忽略绩效行为，影响服务质量，最终导致顾客的流失。比较科学的办法是既依据顾客的评估意见也要通过管理人员进行现场考核，还应根据加油员工的相互评估进行综合考核。建立科学合理的综合考核体系，将评估结果与奖惩挂钩，公开评比“优秀班组”、“明星员工”等并给予实质性的奖励。

■ 加强与顾客的沟通

服务过程是服务提供者与顾客的互动过程。因此，加强沟通无疑可以提高互动的质量，改善服务质量。加油站涉及到的沟通有两种：一种是加油站与顾客之间的沟通；另一种是加油

站内部之间的沟通。

要为顾客提供优质服务，加油站就必须尽量多了解顾客的需求，通过加油站与顾客之间的沟通，可以增加有关顾客需求的信息，从而使加油站可以制定更为客观的服务标准并有针对性地提供服务，提高服务质量。一方面，加油站管理人员与员工重视同每一位顾客的接触的机会，提高接触沟通的质量，收集更多的信息。另外，还应开展一些顾客调查活动，特别是要重视征求顾客的意见，从顾客的不满中去发现服务的缺陷，从而提高服务质量。

在加油站内部的沟通中，主要是指管理人员与员工之间的沟通。一方面通过沟通可以使得管理人员及时向员工提供消息，使员工能清楚地了解自己的作用、管理人员的期望、加油站的经营状况等；另一方面，员工通过一些正式的沟通渠道，如当班报表、一般性交谈或与管理人员正式沟通，使管理人员从员工那里更多地了解一些有关顾客需求的信息，有利于科学决策，制定客观的服务质量标准与切实的服务经营策略，也可以得到一些制度及经营策略实施后的反馈信息，及时纠正决策中的一些偏离。

客户关系管理

现代营销是一场追求顾客忠诚的战斗。组织的定位必须超越品牌和公司名称的层次，与顾客和市场基础结构建立一种特殊的关系。客户关系管理（CRM）就是一种旨在改善企业与客户之间关系的一种管理理念、管理方法及管理技术，它实施于企业的市场、销售、技术支持等与客户有关的工作部门。目标在于通过提供快速、周到、优质的服务来吸引和保持更多的客户，通过优化面对客户的工作流程以减少获取客户和保留客户的成本。

CRM的理念要求企业完整地认识整个客户生命周期，提供与客户沟通的统一平台，提高员工与客户接触的效率和客户反馈率。

客户关系管理是一种双赢的策略，其核心就是发展客户的价值观念，满足他们的需求，即通过开发客户的终生价值实现客户利益和公司利润最大化。

CRM通过管理与客户的互动，努力减少销售环节，降低

销售成本，发现新市场和渠道，提高客户价值、客户满意度、客户利润贡献度、客户忠诚度，实现最终效益的提高。

■ 客户关系管理的目标

客户关系管理主要是为了维持、提升与老客户的关系，挖掘增长潜力；开拓新客户，达到客户满意，创造忠诚的顾客。总的来说，客户关系管理的目标主要是：

第一，提高效率。通过现代信息技术，实现业务流程处理的自动化，实现客户信息资源共享，提高客户服务与客户沟通效率。

第二，拓展市场。通过电话、网络等业务模式扩大油站市场范围，把握新的市场机会，占领更多的市场份额。

第三，保留客户。管理好客户关系，使客户的满意度提高，既可帮助油站留住老客户，又可吸引新客户。

■ 客户关系管理的过程

客户管理管理过程，是识别客户、分析客户价值、保留客户、创造忠诚客户、实现客户生命周期价值最大化的过程。

①识别客户。客户是接受产品和服务的组织或个人。现代客户管理中的客户，其内涵已经扩大化，一般分为内部客户和外部客户。内部客户是组织业务过程中的下道工序；外部客户是组织产品的接收者。识别客户的目的在于细分客户需求和期望，分析客户价值，进而采用不同的关系策略，追求客户满意，创造忠诚的客户。

②客户价值分析。加油站的价值等于客户关系价值的总和，而这一总和只能通过获得、发展、保有利可图的客户关系

来实现。客户资源具有相对的垄断作用，可以产生一定的垄断优势，是一种重要市场资源，对加油站具有重要的价值。

增加客户价值“关键”是降低“流失率”，通过提高产品和服务质量，提高客户满意度，留住顾客。并通过客户满意、客户成功，扩大客户选择的自由，建立长期关系客户来实现油站的客户价值。

③客户调查。客户调查是掌握客户信息的必要手段，主要目的是搜集与客户细分资料，以研究解决企业在市场营销中与处理客户中存在的问题，并针对问题寻求正确解决措施。在开展客户调查的过程中，个体客户调查的基本内容包括基本资料、教育情况、家庭情况、人际情况、事业情况、生活情况、个性情况、阅历情况、其他可供参考资料。企业客户调查的基本内容包括基本情况、经营情况及信用情况等。

客户调查过程是识别客户，运用调查工具，确定信息来源和汇集渠道，获取客户信息，分析调查数据，获得顾客需求信息、消费行为特征及其变化状态、企业营销活动实施效果等信息的过程。客户调查研究已经形成科学的、系统的方法。客户调查的方法很多，从加油站工作的实际出发，我们最易于利用的是人员走访、电话调查、邮件调查、现场观察。同时我们还可以利用焦点人群法、行为记录法、实验法等。

④客户开发。客户关系管理中，客户开发主要是针对不同的客户生命周期价值，在细分客户的基础上，开发有潜力的新客户，维持与老客户的关系并逐步发展成为忠诚的客户。在巩固现有客户的基础上，需制定详尽的客户开发计划，采取积极有效的措施，争取油站供油半径内大型的潜在客户。

要赢得一个新的顾客是件困难的事情，但开发成功一个新

客户，对油站可以带来有形或无形的不可估计的效益，因此，必须采取各种方法和相应的步骤进行客户开发。

⑤顾客管理。成功开发新客户后，关键的工作是如何对其进行管理，管理不善，同样很快便会流失之。因此，必须及时建立顾客数据库，经常对其需求进行调查，利用适当的时机对其进行消费引导及油品知识培训。定期、不定期的组织系列化活动，加强与顾客的联系，通过实行顾客亲情卡制度，让顾客感受到自己所受的与众不同的待遇。

■ 客户满意度测评

满意度测评是指通过一定的途径和方式，了解顾客的满意度水平。严格意义上的正式化的满意度测量或满意度测评，是指运用统计技术和工具，心理学和社会学知识，通过对顾客的直接访问（面谈、问卷、观察、跟踪等），了解顾客的意见，系统地收集顾客满意水平信息，分析测量发现，用于组织决策和战略制定的满意度测量、分析、改进过程。

满意程度是一个模糊概念，通过划分客户满意程度等级或水平，选择合适的统计量表（定类的、定序的、定距的、定比的）进行比较和量化处理，借助于大量的统计分析和定量分析方法，来评价每个组织及其产品、服务满足客户需要的水平，为管理提供依据。

现代计算工具为这种程度上的差别和特征提供了有效的测量工具。在实际管理过程中，运用计量模型，利用一组项目因子或评价指标（实体属性的反映），经过客户对这些因素和指标的感知和体验进行评价，获得客户的具体满意度服务水平的基础上，通过一个回归性的或总计性的、数量值来综合地表征

客户满意度，反映客户对某个复合性实体比如国家、产业、企业的满意水平，这个数值则为客户满意度指数（Customer Satisfaction Index，CSI）。企业借助满意度指数把握总体满意水平，通过控制和改进这些评价指标提升客户满意度，进而提高客户的忠诚度。

■ 服务改进

持续改进加油站服务，是提升加油站业绩和管理水平的必然途径。组织实施满意度测量计划，不仅在于了解顾客满意水平，掌握组织效能，更重要的是通过分析满意度测量数据，发现改进机会与挑战，启动组织及各个业务单元的改进与创新行动。这就需要运用高级分析技术，深入"挖掘"满意度数据，发现有价值的信息，并辅助进行组织决策。满意度专业分析人员经常选用多元回归、差别分析、多元方差分析、因素分析、聚类分析、多维量表分析等多变量处理技术和方法，以便于从新的角度、立体地观察满意度数据，发现组织业绩改进机会。而后确定改进的区域或项目，按照质量改进的一般方法和基本过程——PDCA 循环实施服务改进。

具体的改进方法有许多种，包括在分析加油站服务流程的基础上，流程再造，与竞争对手的水平对比法，向顾客学习寻求改进以及通过具体的服务技巧，造就满意和忠诚的顾客等。

无数企业事实告诉我们，客户对加油站的信任度和满意度都直接关系到加油站的生存和发展。

调查发现：

获得一个新客户比维系旧客户增加的成本高 5~6 倍；

不投诉的客户只有 9%会再上门，投诉的客户有 15%会再

上门；

如果投诉解决得好的话，则有50%的客户再上门，如果投诉迅速解决则有82%的客户会再上门；

一个不满意的客户会把他不满意的态度告诉10个人，其中的20%会告诉20个人，照此推算，10个不满意的客户会造就120个不满意的新准客户。

所以要对客户的投诉认真处理，绝不可回避或怠慢，改正自身存在的不足，建立更为完善的客户投诉系统和客户档案，树立“客户永远是第一”的经营理念，向客户学习，不断提高加油站的管理水平，增强终端销售的竞争力。

第7篇

品牌管理

——守住核心资产

品牌是顾客对企业及其产品的综合感性认识。顾客对品牌的忠诚可以超越产品本身和时空的限制，品牌的知名度和美誉度是跨区域、多元化经营的基础。

品牌知名度可以通过广告轰炸做到路人皆知，但只能吸引眼球；只有品牌美誉度才能树立口碑，吸引顾客上门消费并形成品牌偏好。

在全球化市场环境下，企业竞争不仅在产品与服务质量、技术、价格等各个具体层面展开，而且在经营战略和运作系统层面展开，其中企业品牌已经成为影响消费者行为的一个至关重要的因素；品牌战略在竞争中扮演着日益重要的角色。品牌与品牌管理的竞争，成为企业取得市场成功的又一个制高点。在产品高度标准化、均一化的中国石油成品油零售行业，实施品牌战略，是在日益激烈的油品市场竞争中取得优势的必然选择。

油品零售企业为适应我国加入 WTO 后油品销售市场竞争的要求，在油品和服务日益同质化的情况下，面对国际化的大型跨国石油公司的竞争，从单独的油品销售和提供加油服务活动，转变为实施品牌战略。通过建立和维持强势品牌，发挥品牌竞争优势、扩张优势和增值优势，建立巨大的无形资产，以与竞争对手抗衡，在更高的层面展开竞争，获得长期竞争优势。

品牌与品牌战略

品牌是产品、服务或企业的一种名称、术语、标记、符号或设计，或是它们的组合运用，其目的是借以辨识特定销售者的产品及服务，并使之与竞争对手的产品和服务区别开来。在企业经营管理实践中，常常使用企业品牌（制造商品牌、销售商品牌）、商品品牌（产品或服务品牌）；区域品牌、国内品牌和国际品牌；短期品牌、长期品牌及时代品牌等术语来指代不同种类、不同层次的品牌。

品牌作为一个集合概念，是品牌名称、品牌属性、包装、价格、历史、声誉、广告风格等无形要素的总合。创造并标识品牌的“名称”、“术语”、“标记”、“符号或设计”，或它们的组合称为品牌特征。品牌特征是企业所彰显的而由消费者所认定的品牌的属性和特征。

■ 品牌的实质

品牌标志、名称等是品牌的外在部分，更重要的是它的

深层次的内涵。从品牌的建立过程看，它是一个商品或企业透过消费者生活中的认知、体验、信任及感情，挣得一席之地后建立的一种关系。这种关系是基于抽象意义上的综合表达，是企业的无形资产。

品牌直观地表现为企业的外在形象，实质上是消费者对企业理念、行为、外在形象以及产品和服务质量的综合感知和认可程度。对消费者而言，品牌是消费者对一个企业、一个产品所有期望的总结，是消费者在情感上和价值上对品牌的认同；对企业而言，品牌是企业向目标市场传递企业形象、企业文化、产品理念等有效要素并和目标群体建立稳固关系的一种载体和一种产品品质的担保及履行职责的承诺。所以，品牌从本质是通过鲜明的个性特征，带来更大的利益和感情回报，反映一种品牌经营者与消费者一种共同价值观，体现不同凡响的个性品质。

品牌以产品或服务为载体，但比产品和服务有更高、更长久的价值；品牌以注册商标为标志，但比商标有更强的传播力。良好品牌具有美好的形象、鲜明的个性、独特的文化、并形成巨大的无形价值。

品牌以其知名度、信誉度、忠诚度和品质认知，稳定产品价值，增强市场适应性，为企业带来稳定的收入的同时，还以其价位和性能比方面的优势，为企业获得更大的销量和更多的利润。强势品牌所固有的高附加值和巨大的无形资产，所带来的巨大增值优势是一般产品和企业所无法企及的。据英国国际品牌组织的分析，现在企业价值的源泉中，品牌、技术、服务等无形资产占70%以上。在市场竞争中，品牌能够为企业带来积极效果和反应，形成巨大的优势。包括：竞争优势、扩张

优势、增值优势。

■ 品牌管理与品牌战略

所谓的品牌管理，是在品牌创造、品牌维护和品牌发展的过程中，有效地整合各个品牌特征，使其反映品牌的核心价值和经营战略的活动过程。品牌管理的核心职能包括品牌化计划、品牌名称和标识设计、个性塑造、品牌维护与扩展等核心职能活动。它们影响着消费者对品牌的认知、体验、信任及感情形成。

品牌管理作为企业整体经营战略的一部分，必须有战略视野，运用战略资源和战略举措。所谓的战略品牌战略则是分析品牌竞争地位，明确品牌发展目标和定位，塑造和维护品牌形象，提升品牌价值，发挥品牌优势的一系列策略。

实施品牌战略，提升品牌的竞争力，是一项长期的系统工程。需要从企业理念、品牌定位、品牌形象、品牌价值创造、品牌推广等多个领域进行系统规划。

■ 品牌理念体系

树立长久的使命，设定诱人的远景，遵循安身立命的价值观，是世界级企业的共同特征，更是著名企业品牌的思想根基。核心理念是企业文化的重要组成竞争，通过企业文化、企业成员的价值观和工作态度体现出来，固化到企业成员的行为之中。

品牌核心理念体系是消费者价值取向与企业价值取向互动，被企业所认同，同时经过市场洗礼并为消费者所认可的价值取向。核心理念体系是品牌持续成长最强大的动力，是品牌

设计与管理的根本。从理论上讲，明确消费者所需要的，清楚企业最擅长的，找到两者的结合点，则可以确定品牌的核心理念。然而，品牌核心价值是企业自身价值观、文化观和品牌个性的集中体现，通常可以提炼为品牌的使命和愿景，并进一步展开为企业的品牌战略和目标，考虑到品牌管理与建设计划和方法。

油品零售企业品牌都应该给自己选择和确定一条核心理念，一条适当的、符合社会与时代潮流的核心理念，否则品牌的生存和发展方式就不会被社会和市场所接受，品牌就失去了存在和发展的理由。现实中，品牌在其运作过程中都会逐渐形成自己的核心理念，指引着企业的品牌行为。

■ 品牌形象

品牌形象是品牌在消费者心目中的整体印象，是品牌属性、品牌外在形象、品牌内在品质的综合体。一个品牌的形象可以概括为品牌视觉形象、品牌感知形象、品牌社会信誉形象。

品牌形象还可以细分为技术形象、市场形象、外观形象、未来形象、经营管理者形象、社会责任形象、企业精神风貌等的综合体。

油品零售企业一旦在市场中运作，便会自动在受众心目中形成某种感觉，这是一种“形象”。这种形象是即使不经“形象设计”也会产生的。塑造形象的作用一是正面强化上述形象；二是在需要时建构（人为地构造）心理文化形态的企业形象，即通过设定理念性的主题而树立一种消费观念、消费行为模式以及社会认可的行为模式，以使企业更快速、有效地趋向

品牌化。

油品零售企业的企业形象塑造，需要根据企业理念的战略，统一企业行为，同时通过具体的形象要素，将企业形象具体化并通过后续和视觉形象设计展现出来，并体现在：

鲜明的企业标志；

吸引人的经营场所；

诚信的市场经营；

优良的油品和服务品质；

负责任的社会角色和支持公益事业的公民形象；

国民经济的支柱和基石的形象。

在消费者感知形象方面，需要通过消费者品牌联想和认知度的调查，才能得出可靠的结论。

品牌定位分析

品牌定位就是企业将自己的产品推向市场，对其特性、品质和声誉等给予明确界定，通过精心设计的营销策划，将其融入消费者和潜在消费者的生活过程，从而形成确切的市场地位。品牌定位是企业营销要素组合的战略起源，是企业品牌特征的罗盘，是企业思想、理念、文化、价值观和社会声誉的真正表达，是企业优势和实力的综合输出。

品牌定位过程就是企业把品牌推向市场和社会，置入顾客之中，对其特征进行界定，并据此确认其市场竞争位势的过程。品牌定位标识产品或服务的来源，展示产品个性，体现企业声誉，提示区别于竞争对手的本质，创造顾客价值。

品牌定位是品牌战略的首要问题，是品牌建设的基础，是系统化地权衡品牌与企业发展的关系、品牌与产品的关系、品牌与市场的关系、品牌与消费者关系的过程。成功的品牌定位能够使企业建立声誉，培育品牌竞争力，赢得消费者青睐。

品牌定位过程是一个细分市场、选择目标市场和品牌具体

定位品牌理念、核心价值、个性特征的过程。品牌定位可以概括为品牌属性定位、品牌个性定位、品牌市场定位。

实施品牌经营过程中，往往需要进行品牌再定位。其中包括改变企业的品牌观念，依据企业未来的发展战略界定企业品牌、专业品牌、事业品牌和产品品牌以及产品品牌之间的关系，从而在整合企业资源的基础上，实现品牌资产价值的最大化。比如，过去油品零售企业品牌可能定位于向企业特别是国有企业提供加油服务，而目前，则可能定位于为所有加油者创造价值，提供多方位的延伸服务。

■ 品牌属性定位

过去，人们通常把品牌作为识别和区分其产品和服务的有效手段。这是狭义的和低水平的。与此不同的是，应该更广义的品牌观点——它包括产品层面、体验层面和文化层面。品牌是所生成的一种关系或体验的符号。这种符号既是买方—卖方关系的媒介，又是其具体化，而不仅仅是一种可指代的符号。同样，品牌所承载的内涵和联想，对消费者、公司管理者和雇员具有丰富的喻意。这种喻意在某种程度上独立于品牌的创造者。它具有生命并超越喻意本身。

由于语言和喻意是不断进化的，所以，一个品牌的喻意会随着时间的推移而变化。这意味着：首先，品牌的喻意永远都不是静止的。其次，品牌的创造永远没有止境。

■ 品牌个性定位

品牌之所以受人青睐，是品牌因其个性而有独特的魅力。品牌个性实际上代表着品牌的差异性，鲜明的品牌个性能够使

强势品牌更容易在消费者心中留下自己的烙印。在激烈的品牌竞争中，当产品同质化非常严重时，留在消费者心中深深的品牌烙印能够赋予消费者更多的联想，成为消费者购买强势品牌产品的主要理由。鲜明的品牌个性是强势品牌的主要特征之一。

品牌个性是品牌特征的核心。通过对品牌特征的深度整合，品牌形成显著区别于其他品牌、能够凸现竞争优势、展现品牌独特理念的人性化特征。

在公司品牌层面，品牌个性体现为战略个性。品牌个性是公司经营理念，消费者消费理念与社会价值文化理念的辩证统一体。理念的一体化创造品牌的一体化。具有战略品牌意识的厂商，必须善于引导消费者消费理念，必须能够明确界定企业的社会责任和社会使命。这种抽象化的战略个性包括真诚、令人振奋、负有社会责任、奔放豪迈、成熟老练、富有力量等等。

在产品和服务品牌层面，体现为战术个性，表现为产品的服务的差异化。具有魅力特性的产品和服务，是品牌战术个性的基础。

品牌战略个性是连结品牌与消费者联系的桥梁，是指导消费者选择的理性基础。通过品牌战略个性的理念提示，品牌能够在消费者的意识中形成鲜明的形象和良好的社会声誉。品牌个性形成对消费者和潜在消费者的吸引力，它能够强化消费者和潜在消费者的购买动机和购买决策，促发消费者与品牌的情感联系。明晰的品牌战略个性赋予消费者超越品牌的名称或标识，促进消费者的品牌联想，创造消费者感知；品牌战略个性也赋予消费者一些超越品牌的物理性能和使用价值，提升品牌

的理性诉求，丰富品牌意象。

品牌战略个性是品牌特征的核心，但它并不是凝固不变的。面对激烈竞争和越来越个性化的市场，品牌战略个性必须能够依据企业经营的调整和满足消费者需求的导向不断进行品牌理念特征的优化与扩展。

■ 品牌市场定位

品牌的市场定位有两个方面的含义：

①品牌定位的主体或决定者在于消费者和市场，一个品牌的实际定位由消费者和市场竞争决定。

在这个意义上，实际上，品牌只有一种真正有力的定位——消费者定位。品牌定位就是不断地传送消费者所期望的真诚与信心，让每个消费者都能够认识到：品牌是属于他们的，品牌标榜的是消费者权益理念；品牌创造的不仅仅是产品的使用价值，还包括许多精神上的东西。

品牌经营只是启动或实施品牌定位，而实际定位最终需要来完成。品牌经营者只提供关于品牌定位的建议和方案，不能将品牌理念强加给消费者，而只有消费者才能成为定位主体，有权决定是接受还是拒绝经营者提出的品牌。因此，经营者必须善于引导消费者定位朝着他们策划的方向发展。

②从品牌拥有者看，必须针对不同细分市场的顾客需求，塑造、展现和开发自己的品牌，促成自己的品牌定位。

品牌的市场定位表明，消费者只有成为品牌的忠实拥护者和真正使用者，才能转化为企业的价值和资产。因此，维持并强化消费者对品牌的忠诚度，是消费者品牌定位的关键。对企业来说，一方面必须尊重消费者，诚信经营，以情营销，努力

培育消费者对品牌的情感，并不断将这种情感引导注入到品牌中；另一方面必须坚持品牌的人性创意和审美特性，提升品牌的文化意韵，并努力将品牌审美导入消费者的生活过程。情感是维系品牌忠诚度的纽带，一种品牌如果不能够深度引起消费者的情感共鸣，品牌将难以获得消费者信任。

要实现这样的目标，企业就必须适应消费者不断变化的心理和情感，通过强效人际传播，贴近消费者、影响消费者，进而赢得消费者。满足消费者心理需求，创造良好的消费环境，引入情境营销理念等，是建立情感联系的基本途径。

品牌价值评估与竞争力分析

品牌无论是作为一种形象，还是作为一种消费者认同关系，最终体现在品牌经营者和消费者所带来的价值或利益。品牌管理的目标在于提升品牌价值，通过品牌这个特殊的无形资产的极大增值，突破实物产品或服务的有限价值，“以虚击实”，在消费者心目中确立独特的地位，在市场上发挥竞争优势、扩张优势和增值优势，从而赢得市场，赢得长期的成功。准确地评价和把握价值现状和未来前景，才能确定提升品牌价值的方针和途径。

■ 品牌价值的构成

为消费者创造价值，是品牌或企业的市场价值之源，也是品牌竞争力的根本所在。这个价值是消费者在消费某一品牌的产品或服务时对其身心（需求满足）所产生的意义（满足程度）。某一产品或服务能极大地满足消费者的要求，其对消费者具有较高的价值。品牌为消费者带来的价值是多样化的、动

态的，集中体现在以下几个方面：

①功能价值——反映消费者认知的品牌功能效用。与产品和报务的功能、核心利益相联系，是提供给消费者的基本服务和利益，这是最基本的、实质性的和具体化的价值形式。比如，对油品零售企业品牌所提供产品和服务的效用和适应性，满足消费者需要的程度等。

②形象价值——美好的品牌形象引起的消费者良好的心理反映所产生的价值。这是基于品牌经营者社会形象、品牌产品和服务形象、品牌美学形象产生的消费者的心理体验价值，是一种综合性价值形式。

③社会规范价值——反映品牌的社会功能，体现某种社会规范和社会归属感的价值。如消费者所认同的油品零售企业品牌在社区、在社会上所扮演的角色和作用，倡导的理念等引发的价值。

④关联价值——客户从消费某个特定的品牌的产品和服务中获得快乐和一定程度的舒适感，这种关联对口品牌带来了正面的贡献或者说价值。这种价值属于品牌功能价值、形象价值、社会规范价值等的具体化。

⑤情感价值——在品牌交互过程中，所引发人的感情的效应。如油品零售企业品牌在发挥功能价值和社会价值过程中在消费者中引发的情感因素，以及由交互过程中产生的关系价值产生的人的心理反应等。

⑥经历的价值——客户在与品牌发生联系时，与特定的时间或特定的事件相联系的，很多年来一直保存在他记忆中的一些情景和经历中所体现的价值。

⑦个性化价值——消费者满足尝试新的品牌或品牌满足个

性化需求时，满足好奇心的效用，可以产生惊喜的价值或有魅力的价值，体现在消费者对品牌的响应性。

⑧其他价值——包括便利的价值、与可选择性相关的价值、与品牌相联系的专利、专有技术和分销系统的价值，以及便于消费者购买决策和增强对产品和服务的信心等。这类价值形式属于品牌功能价值的延伸与扩展。

从前期进行的专项“消费者选择加油站考虑的因素”的调查结果看，“企业品牌”、“油品质量和计量”、“热情服务”、“价格”等4个因素排在前列。问卷中的“企业品牌”要素，是品牌形象价值、社会规范价值、关联价值的集中体现；“油品质量和计量”、“热情服务”、“价格”等因素则是品牌功能价值、个性化价值的具体。调查数据证明了油品零售企业品牌价值构成的主要维度构成。

■ 消费者品牌认知评估

实际应用中，为了保证品牌价值评估的权威性和客观性，在实施品牌强度评估时，需要细分市场，理清企业品牌体系，把握品牌价值的主要的驱动力，同时注意保持方法的可比性。

品牌价值是消费者基于一定的产品和服务的质量基础上的一种心理体验。这些价值会因不同的环境条件而有不同的意义。一个品牌的总体价值的大小，可以通过社会调查的方式，了解消费者的响应或心理反应——知晓、认同、联想和忠诚强度来评价，主要包括在以下几个方面。

①品牌知名度——反映品牌被公众知晓和了解的程度，它表明有多数或多大比例的消费者所知晓，反映的是消费者关系的广度。知名度是评价品牌社会影响大小的指标，它是品牌创

造和品牌价值形成的基本前提。

②品牌美誉度——反映品牌获得公众信任、支持和赞许的程度。美誉度反映了品牌社会影响的好坏，是表明品牌影响性质的指标。美誉度的增值作用主要表现在“口碑效应”上。美誉度越高，“口碑效应”越明显，品牌价值越高。

③品质认知度——反映品牌所代表产品或服务满足社会需要的程度。品质认知代表消费者对产品或服务适用性的主观理解和整体反映，是消费者对产品或服务客观品质的主观认识。它以客观品质为基础，又不等同于产品或服务的客观品质。客观品质完全相同的产品和服务，由于其向消费者所传达的价值和感受不同，消费者的品质认知度会相去甚远。这正是品牌设计与管理所产生的巨大差异。对品牌而言，品质认知可以成为消费者购买的理由，决定着产品定位、品牌溢价，相应地影响到品牌的渠道博弈能力和品牌延伸能力。

④品牌联想——指消费者想到某一品牌时能够记起的与品牌相联系的信息。其中包括品牌属性、品牌利益和品牌态度等。积极的品牌联想意味着品牌为消费者所接受和认同，进而形成品牌偏好和品牌忠诚。其在提升品牌价值方面具体表现在促进品牌认知，扩大品牌知名度；产生品牌差异化；成为消费者购买决策的依据和品牌延伸的基础。

⑤品牌满意度——反映消费者对其期望得到满足程度的态度或综合评价。是指消费者将品牌联想或预期与品质认知或体验进行比较所产生的结果。消费者满意是品牌设计和建设成功与否的判定准则。满意水平在很大程度上影响到消费者忠诚和购买决策，是品牌管理所追求的目标。

⑥品牌忠诚度——指透过消费者的重复购买所反映出来的

对品牌的感情深度，它反映了消费者转向竞争对手品牌的可能程度。品牌忠诚度的不同，则形成了不同的消费群体，即无忠诚者、习惯购买者、满意购买者、情感购买者以及忠诚的购买者。高忠诚度的品牌，其价值一方面直接表现在有大量重复购买、有较高价格变动承受能力的消费者群体所带来的稳定的利润，以及获取消费者和交叉销售的低成本。另一方面则表现为忠诚消费者所产生的“口碑效应”和品牌传播效应，从而有利于企业在更高层面上发挥品牌的竞争优势、扩展优势和增值优势。品牌忠诚度可以通过消费者重复购买次数、购买决策时间，对竞争对手的态度、对价值的敏感程度、对质量及服务问题的承受能力等来衡量。

■ 通用品牌价值评估

目前，品牌专业研究机构衡量和评价品牌价值的方法有许多。在国际上公认的 Interbrand 公司的模型中，利用品牌强度（品牌竞争力）来衡量品牌价值，每年发布“全球最佳品牌排行榜”。在 2004 年全球最佳品牌评估中，评价指标分别为：

①市场稳健性——市场越稳健分值越高，品牌价值越大；

②稳定性——主要是品牌的历史，此外还包括品牌在这个市场上长期的表现自己稳定性的能力；

③领导力——主要指品牌的定价能力，以及引领行业标准的能力；

④潮流吻合度——有些品牌可能做了很多年，但是受产品特性或者其他原因所限，跟不上潮流，而有些品牌却能够常做常新；

⑤支持度——比如说对这个品牌未来的发展，在渠道、宣

传等方面企业是不是有很大的投入，这里面要强调一个持续性的问题，因为假如是靠投机偶尔出现的面孔，往往会得到很低的分值；

⑥国际化——这个部分并不是简单的考虑这个品牌的产品在海外市场的表现，而是探询这个品牌跨文化接受度的问题；

⑦受保护程度——这与品牌所面对的市场环境有关。

根据品牌价值评价指标分析，目前，中国石油品牌与中国石化品牌没有明确的差别，总体而言，两个品牌基本持平。与其国外油品零售品牌相比，在油源、市场稳定性、市场占有率、品牌保护方面，目前占据优势地位，特别是在特定地域，具有一定的规模优势和地域优势；在品牌支持度、潮流吻合度方面，明显与外国品牌有很大差距。

提升品牌价值与竞争力的策略

提升品牌竞争力是一项系统工程不同的品牌，同一品牌在不同的发展时期，各项举措有不同的优先权和不同的实现方式。基于国内以中国石油、中国石化为代表的成品油销售企业的品牌特征分析、品牌定位分析、品牌价值与竞争力分析，在目前的市场环境和竞争形势下，可以优先采取以下几个方面的品牌提升策略。

■ 深入调研，全面把握品牌现状和趋势

品牌战略是企业的一项长期的经营战略之一，需要通过开展品牌调研，完整、准确地把握品牌特征、品牌定位、品牌形象、品牌价值，了解企业的品牌现状，掌握品牌要素及其状况的变化，才能使品牌管理与品牌战略决策有可靠的基础和依据，从根本上提高品牌管理的水平。此外，可以通过品牌调查研究，在消费者、企业、员工之间全面了解和沟通品牌特征信息，为明确和传达品牌理念，调整品牌定位，改善品牌形象，

确定行动目标和方向，寻找提升品牌竞争力的机会和突破口。

■ 厘定和传播品牌核心理念

通过重新审视和厘定品牌核心理念，建设“抽象化—设定性”的品牌定位可以充分发挥品牌优势提供的更广阔的空间。从世界知名品牌的进化过程看，提升品牌价值必须提升品牌化水平，向抽象化—设定性品牌转化，为品牌注入更多的思想、价值观和文化内涵，从战略个性上提高品牌的竞争力。

建设“抽象化—设定性”的品牌定位，需要解决的首要问题是明确和厘定品牌理念体系，赋予更加丰富的内涵和时代特色，赋予品牌灵魂和思想，并向社会和消费者传播，以极大地提升品牌价值。通过品牌理念的创新，建立顾客导向的、具有时代特征的品牌理念体系，包括使命、愿景、价值观，提高品牌的潮流吻合度和思想境界。

■ 塑造品牌个性，提高品牌战略的有效性

随着品牌化水平的提高，细化品牌定位，是创造品牌战术个性，进而提升品牌竞争力的有效措施。

首先，要突破单纯的产品（油品）导向定位，挖掘品牌的核心利益和内涵，细分目标市场，突出品牌个性。其次，要采用竞争品牌导向的比附定位，通过学习国外知名石油公司品牌建设经验，加速国内石油企业的品牌化水平，并有针对性地提高品牌的竞争力。第三，要充分利用情感导向的品牌定位，增强品牌的吸引力，提升品牌的忠诚度和美誉度。最终建立文化导向的品牌定位，打造卓越的百年企业品牌。

品牌的价值，最终由市场和消费者决定；品牌个性的核

心，从根本上是市场和消费者的利益个性。品牌的竞争力，最终体现在市场竞争之中。因此，细化品牌定位，根本的途径是引入市场导向定位。

首先，基于品牌核心利益定位，关注并研究市场和消费者，研究得越深厚透彻，将品牌意识融入市场需求变化和消费者需求心理，根据消费者的核心利益细化品牌定位。在这个过程中，运用消费者和公众沟通途径，导向品牌情感定位。其次，形成明确的定位策略与目标导向，确立品牌特征接触点，将自己的品牌定位导入市场化导向定位，并能够把消费者的品牌定位转换为自己的定位，为此好要求企业的“业绩表现”，并及时跟进。第三，组织有计划的品牌策划和营销推广，将品牌理念、价值观、品牌声誉导入消费者的理念和意识中，实现品牌声誉“溢出效应”。第四，动态优化调整品牌定位。根据竞争环境和竞争条件的变化，改进和完善品牌特征，提升品牌的个性化，深度扩展品牌内涵和张力。

■ 开发相关业务，拓展品牌系列

开发油品和服务层面的品牌，是突出品牌个性与差异化程度，提升品牌价值和竞争力的有效途径。

拓展品牌系列，一是与行业标准相适应，开发与竞争对手同质化的、一般的标准化成品油种类，并在油品的技术参数性能、添加剂特性等方面，突出油品功能特性。二是持续改进，创造新的增值特性和新的油品，比如具有环保特性、养护特性、专用特性的油品，创造新的油品品牌。三是在保持和提高油品质量水平的基础上，通过开发个性化的服务、增值服务，树立服务品牌，创造加油站品牌。这样通过油品和服务品牌、

加油站品牌，强化和突出品牌特征和个性，从而增强品牌的美誉度，提升品牌价值和品牌竞争力。

当然，在大石油公司品牌系列决策过程中，需要处理好公司品牌与单个油品零售企业、油品及服务品牌的关系。在品牌管理过程中，必须维护主打品牌，利用公司品牌的共同特性，产生整合力量，加强统一品牌和主打品牌的塑造，树立统一的企业品牌形象，形成整体竞争优势，推动连锁经营。随着经营环境的变化，企业在选择不同的品牌扩展计划时，应该处理好公司品牌与单站品牌、产品和服务品牌的关系，防止对主打品牌形象的损害，同时注意集中使用和分配资源。

■ 强化终端服务，彰显战术性品牌个性

从油品零售企业业务特性来看，所提供的对象是实物产品和服务的综合体。其中油品是高度标准化、同质化的，与竞争对手的没有什么差别，而作为核心业务和终端的加油服务，以及与此相联系的扩展服务或延伸服务，包括修理、便利店、餐饮、金融服务等，则具有多样性、灵活性、广泛性的特点，并且是竞争对手不易模仿的。所以中国石油品牌建设过程中，通过强化和提升加油站服务，实施服务战略，以产品带动服务，以服务拓展市场，以协同效应提高品牌竞争优势，提高品牌增值能力，是推动品牌战略主品牌管理的一项重要举措。

从品牌建设的角度看，所谓的油品零售企业品牌服务战略，就是从战略上系统地规划油品零售企业的核心服务和延伸服务，通过优异顾客服务，奠定品牌基础，塑造品牌形象，增加品牌价值的一系列举措。

实施品牌服务战略的油品零售企业通过了解顾客需要和期

望，设计顾客服务系统，提供卓越的超值顾客服务，彰显中国石油品牌个性化，并与顾客共同发展，确立长期的客户关系，创造高度忠诚的品牌形象。其中包括在规范、改善油品销售与加油服务的基础上，开展延伸服务、增值服务、关爱服务等，创造和保留忠诚的顾客。从油品零售企业的业态和目前竞争局面看，强化服务，提高服务质量是油品零售企业实现品牌差别化、提高竞争能力必不可少的、重要的、可行的战略途径。

一个完整的服务战略包括树立服务理念，确定顾客需求，设计和优化服务过程，加强服务人员管理与培训，提升服务质量，测量顾客满意水平和创造顾客忠诚等一系列活动。油品零售企业品牌服务战略，有一个服务战略的共性，也有其特定的要求。

■ 整合品牌形象，传达品牌特征和品牌价值

品牌形象是品牌价值的综合体现，是品牌竞争力的重要标志。品牌形象是通过各个品牌特征接触点传播和形成的。在各个品牌接触点，顾客和潜在顾客在任何时候，对某个品牌产品或服务信息的充分接触，并向他们传导品牌特征信息。鉴于油品零售企业地域分布的广泛性，服务时间的长期性，油品品牌的日益多样性，把握每个品牌接触点，形成统一的品牌形象，是中国石油品牌面临的新挑战。

整合品牌形象，不仅限于品牌视觉形象，还包括顾客感知形象和社会信誉形象。顾客感知形象作为品牌形象的基础和根源、作为品牌价值的核心，是品牌特征、品牌个性、品牌价值的综合体现。顾客感知形象通常借助品牌的视觉形象、品牌社会形象来表现。

整合品牌形象的焦点在于通过有效的途径，在社会、市场和消费者心目中，传达一致的品牌理念和价值观。首先，要统一品牌和理念体系，在企业内部得到认同，形成共识，必要时形成一致的表达方式；其次，在品牌价值层面，保证统一的、稳定的油品质量，卓越的服务理念和规范服务要求，在每一个品牌接触点，包括服务流程中的消费者、供应商、合作伙伴以及社会公众，形成一致的品牌感知形象。第三，整合品牌传播媒介，包括视觉形象设计、广告策略和广告设计、社会公益活动和公关活动选择，以传达统一的品牌特征、品牌个性和品牌核心理念等核心品牌要素。

■　改善品牌传播机制，校准品牌形象传播

建立有效的品牌传播途径和机制，包括人际传播、大众传播、广告传播与整合传播，是品牌管理和品牌战略的重要组成竞争。改善品牌传播，是宣传品牌核心理念，彰显品牌形象，扩大知名度，提升品牌竞争力的有效途径。

目前国内石油企业品牌形象传播的途径比较单一，多采用大众媒体广告，没有充分利用最经济有效的广告载体——加油站篷架及其相关建筑，没有采用灵活多样的广告形式。没有有效地实现在公关活动、社会活动传播与大众媒体传播的结合。传播内容停留在品牌名称、油品种类层面，与品牌传播的要求有很大差距。急需扩大品牌理念、品牌形象、品牌价值的宣传。在传播强度上，没有适应油品品牌这个“日用品”的特性，进行连续的、高密度的推广。

品牌的传播，需要以品牌核心理念为中心，在整个品牌体系中，统一和校准品牌传媒方式和传播内容，包括从企业品牌

到产品、加油站品牌、油品和服务品牌、以及员工和设施的形象等各个层面。

■ 为顾客创造价值，全方位提升品牌价值

提升价值，从根本上在于通过长期不懈地提供高质量的、个性化的产品和服务为基础，为社会和广大消费者提供更多的让渡价值，同时通过恰当的渠道和方式，展现和沟通品牌属性和品牌所带来的利益，创造具体的品牌形象，使品牌成为能够通过消费者的视觉、听觉等感官留下印象，获得认知的具体形式。根据品牌价值的内容和体现的维度，人们在实践中总结了一些提升品牌价值的一般具体途径和方法。油品零售企业品牌价值的提升，可以采用以下方法：

①扩大品牌知名度。一是进行有效的广告宣传，包括体现油品零售企业品牌属性和个性的广告创意、宣传口号、标志标识等。二是强势公关，精心策划和组织各项公开活动，加强油品零售企业与社会和社区的联系。三是充分发挥消费者的“口碑效应”，通过油品零售企业品牌的理念、行为和形象，创造满意和忠诚的消费者，并有意识地采用具体的方法让消费者认同并宣传油品零售企业品牌。

②建立品质认知。其中包括提高油品零售企业油品和服务的内在品质，明示和展现品质水平，同时通过价格、礼品及其他附加价值的方法，引导消费者积极的品质认知形成。

③引导品牌联想。根据油品零售企业品牌的要素，选择关键联想因素，包括名称、标识、油品和服务品质、广告、形象、价位等，选择适当的传播和表达方式、工具，诱导形成消费者的品牌联想。

④提升消费者满意度。提升消费者满意度的基本途径是了解消费者期望，满足消费者需要，超越消费者期望。提高满意度也是创造忠诚消费者的必要条件。一方面油品零售企业必须建立制度化的掌握消费者满意水平的途径，包括满意度调查、消费者访谈以及观察等方法，来分析消费者满意程度数据，不断发现油品和服务改进机会，满足和超越消费者期望，实现消费者满意。另一方面，油品零售企业需要通过品牌定位和形象设计，准确地传达品牌属性和价值，引导消费者期望和品质认知，从而来强化和提升消费者满意水平。

⑤创造忠诚消费者。油品零售企业品牌的高知名度、良好的品质和服务、强有力的品牌设计、丰富的品牌联想，都是促进消费者忠诚的重要条件，在此基础上，通过建立常客奖励计划、建立加油会员制度以及其他了解消费者需求和与消费者有效沟通的渠道，都有利于消费者与油品零售企业品牌之间的联系，促进消费者忠诚。

第8篇

零售文化建设
——打造企业灵魂

21世纪的竞争，最根本的是人才的竞争，是文化的竞争。没有文化的企业，如同没有灵魂的人，将难以抵御市场竞争的诱惑和陷阱。

“企业文化对企业长期经营业绩有着重要的作用，在下一个10年内企业文化很可能成为决定企业兴衰的关键因素（约翰·科特)”。

美国哈佛商学院著名教授约翰·科特在《企业文化与经营业绩》一书中，提出了一个重要论断："企业文化对企业长期经营业绩有着重要的作用，在下一个10年内企业文化很可能成为决定企业兴衰的关键因素。"

广义的企业文化是指企业所创造的具有自身特点的物质文化和精神文化；狭义的企业文化是企业所形成的具有自身个性的经营宗旨、价值观念和道德行为准则的综合。

企业文化是企业全体员工在长期实践过程中培育形成并共同遵守的价值标准、最高目标、基本理念及行为规范。它是企业物质形态文化、精神形态文化和制度形态文化的复合体。

文化是民族的灵魂，是维系国家统一和民族团结的精神纽带。世界上各个民族都有着属于自己的特有文化形态和文化个性，而这种特有的文化就成为民族亲和力和凝聚力的重要源泉。文化在历史发展的过程中起着非常重要的作用。在抗战时期，一曲《义勇军进行曲》激发了数以万计中华儿女的爱国之情；作为民族

文化杰出代表的“雷锋精神”，培育了新中国几代新人。作为创业文化的“铁人精神”，是新中国艰苦创业的典范和化身。企业文化是以人为本的管理思想在企业中的重要体现形式。

美国、日本企业界最优秀的总经理们总是不惜耗费大量的时间和精力营造、维护自己的优秀企业文化。他们从企业文化的实践中受益匪浅，对企业文化情有独钟。如日立公司奉行的哲学“和，诚，开拓”精神。“和”即强调全体员工以和为贵，心心相印，主张开展非正式讨论，在内部形成风气；“诚”则是对待用户的态度，以诚相待、诚实信用；“开拓”则是勇于创新、争取更大成果的一种旺盛斗志，以“向新领域挑战，百折不挠”的精神调动员工的感情。美国的惠普公司则以“自己就是企业”作为企业发展的精神支柱。传颂甚广的一则故事是，当参观者看到该企业员工流着满头大汗，却把电风扇对着机器直吹时，不解地问这是为什么？员工回答很干脆：“要保持公司机器的清洁。”

企业文化的作用

没有文化的企业，如同没有灵魂的人，在利益诱惑和激烈竞争中难免丧失原则，迷失方向，甚至导致身败名裂，美国安然公司就是例证。

■ 目标导向作用

企业文化不仅对员工个体的思想和行为起到导向作用，而且对作为整体的企业的价值取向和行为具有导向作用。导向作用包括价值导向与行为导向。企业价值观与企业精神，发挥着无形的导向功能，能够为企业提供具有长远意义的、更大范围的正确方向与重要方法，使企业更快、更好、更稳定地生存与发展。

■ 激励凝聚作用

企业文化可以使人们求同存异，找到归属感，把个人融合到集体中，增强企业的凝聚力。企业文化所形成的文化氛围和

价值导向是一种精神激励，能够调动、激发员工的积极性、主动性和创造性，把人们的潜在智慧诱发出来，使员工的能力得到全面发展，并提高下属机构和员工的自主管理能力、自主经营能力及活力。

■ 约束作用

企业文化可以通过群体意识、社会舆论、道德风尚对其成员起到强制性的行为规范作用。

企业文化的约束功能表现在两方面：一是企业文化中的制度文化建设，它是由一套科学、系统、严密、结合企业管理特点的系统文件组成，是支撑企业管理的重要因素，是各项工作都能有序进行的保障；二是自我约束，这是在制度中没有规定的行为、语言、形象、方法，在“自觉”中得到延伸和发展，这是企业最宝贵的财富，是判定个人品格的唯一标准。

当人们感受到先进企业文化力量的时候，不但会为之震动，且会在瞬间提升人们的心性，并在企业文化环境熏陶下努力以最高标准要求自己，这时约束会使人们感到一种自觉的行为和责任。

人是做好一切工作的最基本因素和原动力。通过营销文化的塑造，教育和激发员工的主观能动性和创造力，并营造一个给予员工充分说话、充分展示自我、充分施展才华的宽松环境和空间，让员工积极地参与到经营管理中来，给员工提供充分展示自我、实现自我价值的机会和舞台，使员工看到希望，并努力去实现希望。

对零售文化的理解

零售文化建设是个大概念，包含的内容很多，但结合零售业务特征来理解零售文化建设的内涵，就是加油站的管理文化建设。包括管理、制度、规范、建设标准和视觉识别系统等方方面面的内容。零售文化建设的外延就是品牌宣传和文化促销，向顾客传递企业精神和核心经营管理理念。具体而言，应着重如下几个方面的建设：

■ 建设以规范管理为主线的管理文化

规范化管理是做大零售的基础、做好零售的保证，是提升中国石油品牌、扩大市场占有率、增强市场竞争能力的必然要求。之所以把加油站的规范管理提到文化建设的高度，是基于企业面临的市场竞争形势，基于成品油批发零售市场开放后的竞争的需要。任何一个国际化的企业集团都有自己的文化作支撑，企业的竞争最后就是文化的竞争。

把加油站的规范管理提到文化建设的高度，是对管理工作

提出的更高要求。中国石油销售企业提出要从“铁人文化、顾客满意文化、安全文化、执行文化、团队协作文化、学习创新文化”等六个方面规范管理，就是企业特定历史传统与现代市场竞争相结合的体现，是国内销售企业在企业文化建设中的创新实践和理性总结。

建设零售文化，对加油站管理由经验型向科学型转变、由单站摸索向整体规范推进，将起到重要的指导作用；对推动零售业务快速发展、提升品牌价值、打造具有国际竞争力的“黄金终端”具有深远的战略意义。

加油站管理文化的创建必须从细节开始。必须进一步强化“管理创造效益、细节决定成败”的观念，要求每一位员工必须从细微处做起，从小事入手、关注细节，把小事做细，细中出精，小中见大。特别是站容站貌、前庭、便利店、厕所、生活区等直接与顾客接触的各个环节要重点关注，要细中求细，细致入微，细中出文化。

领导注重到基层看细节，但要注意工作方法。不能到了基层只顾往办公室一坐，喝着茶水听汇报，要学会去看最容易出问题的地方，要了解最真实的情况。领导学会抓细节了，站长也就学会了，站长学会了，员工也就明白了应该往哪个方面努力。领导的工作方法具有很强的导向性和潜移默化的影响力。

加油站的管理文化建设，很重要的一环是监控程序。要学会当顾客，要以顾客的视角，进一步细化要求，推进现场管理的程序化和规范化。作为终端销售企业，几乎所有的努力都是为了顾客满意。搞“顾客满意”工程建设、顾客满意度调查等等，都是为了了解顾客所需、所想，为了找到最恰当的工作点。

零售管理者应该经常性地进行换位思维，如果你是一位客户，你对销售终端的服务是否满意？多从客户的角度去思考问题，寻找不足，这样比主观去臆想、去判断更现实、更客观。

要按照分级分层负责的原则，对加油站管理工作实施有效监督指导，并全面推行神秘顾客访问制度。神秘顾客访问检查结果要与加油站经理和员工的收入挂钩，也要与各级加油站管理者的收入挂钩。

管理文化建设离不开人才培养。只有建设好零售队伍，零售事业才会不断发展壮大。因此，要把铁人文化、执行文化、团队协作文化、学习创新文化结合起来，大力推进加油站人才文化建设。中油销售系统实施的“百千万人才培养计划”，也是文化建设的组成部分，可以扎扎实实地将文化理念与行为规范落实到站、落实到班组，落实到人。

零售文化建设，需要为零售业务创造良好的环境，将最优秀的人才、最优惠的政策向零售业务倾斜；带头实践“为加油站服务、为零售服务”的理念。创造一个“人尽其才、知识共享、团结友爱、和谐共赢”的工作氛围，把企业的经营理念与“持续满足消费者需求”结合起来，培养忠诚的客户群体和高素质的员工队伍。

■ 建设以价值观为核心的品牌文化

品牌的核心是价值观，而价值观的作用体现在如何处理各种利益关系，特别是如何处理企业与顾客的利益关系、企业与社区、社会的利益关系。海尔“真诚到永远”的誓言、美国美泰公司的“如果降低成本的提议将有损产品的质量，美泰绝不会批准”的信条、中国石油“我为祖国献石油”的使命感，都

是卓越品牌的标签。面对外资企业的进入和竞争的升级，中国石油和中国石化都以网络资源为依托，大力实施品牌战略，开展主题营销，通过形式多样的活动，架起企业与顾客沟通的桥梁，培养忠诚客户。

2003年，中国石油销售企业在总部统一策划、组织下，紧紧抓住“中国警察首届汽车拉力赛”和“心手相连西藏献爱心”唯一油品赞助商这个难得商机，进行大规模营销宣传。借助中央电视台、《中国石油报》、《中国石油企业》杂志、《现代司机报》、《石油商报》、《加油站专刊》等媒体，宣传中国石油品牌；各地结合当地市场特点，采取积分、主题活动等多种形式，开展促销活动，推动了销量增长，使社会各界进一步理解和认同了中国石油的核心经营管理理念和企业承担的经济责任、社会责任和政治责任的含义。

此外，为了宣传中国石油，搞好文化建设和文化促销，中油销售企业与中国石油报社一起创办了《现代司机报》。利用这一特定的媒体，宣传油品使用常识，架起顾客与企业沟通的桥梁，拉近了企业与市场的距离。

■ 建设以顾客满意为核心的服务文化

现代市场发展的一个重要趋势，就是服务竞争在现代市场竞争中的地位和作用越来越突出。强化营销服务理念，实现“服务增值”是国外企业文化研究服务文化的特点。因为同样质量的产品，可以因服务好而“增值”，也可以因服务差而“减值”。

企业形象从根本上说是表现为产品质量和服务质量。服务的永恒主题是企业同客户、用户、消费者的关系问题，这里包

括如何开发忠诚的顾客群，包括不丢失一个老客户而不断开发新客户的问题，包括如何使营销服务成为情感式劳动，真正让用户引导决策，进而引导产品开发的问题。

法国斯伦贝谢油田服务公司（Schlumberger）是从事石油勘探及原油开采、加工设备销售等方面业务的大型跨国公司，是全球最大的油气田技术服务公司之一。70多年来，公司以满足全球石油和天然气工业的各种需求为宗旨，一直保持产品和服务行业的领先地位，与客户的关系随着能源勘探和开发活动的不断扩张而步调一致地向前发展。其目标一直定位在帮助各个作业公司实现其资产价值最大化。他们通过训练有素、称职的专业人员提供最佳实践经验和先进的油田服务技术，确保井场服务质量及安全，并通过能源与环境相和谐的方式来实现这一目标。

以人为本，建设以客户为中心的零售服务文化，通过与顾客建立有特定价值倾向的联系，可获利地营造顾客满意，与客户实现双赢，与客户共发展。

一般来讲，客户可以自主选择加油站。因此，想留住顾客并吸引新的业务，首先必须争取到为客户服务的机会。要做到这点，就要千方百计地为客户提供他们真正想要的产品或服务，不仅要确保服务质量和油品质量，而且要让客户明白企业所提供的服务是物超所值的。

为了真正了解顾客对企业的满意程度，就需要引入客观的满意度评价手段——“客户满意度调查”。通过对调查结果的不断对比分析，从客户角度发现问题、解决问题，将顾客的声音、利益体现到企业的决策和日常管理中，避免闭门造车和主观主义，将零售企业建设成客户友好型的企业。

力争所有的加油站、所有的员工都能一个标准为顾客服务，并大力推广“七个一样”服务标准，即领导在与不在一个样，晚上与白天一个样，生客与熟客一个样，小车与大车一个样，加少与加多一个样，外地与本地一个样，闲时与忙时一个样。在标准化服务的基础上，正确识别顾客相同的消费需求和差异化的消费需求，推行个性化服务，让顾客百分之百满意。

零售服务文化的建设，一定要把目光放在更新、更快、更好地满足顾客需求上，争做产品、服务创新与行业发展的先行者。所有的营销活动和创新，都应以最大限度地满足顾客需求为出发点，树立全局的营销理念，提高服务和营销的增值效应。

■ 建设以诚信、助人为主线的营销文化

诚信、助人为主线的营销文化反映了行业特点、时代特征和发展趋势，通过与顾客建立诚信为基础的信任关系，以助人成功、助人快乐为形式，将企业的产品与服务传递给客户，使客户在享受满意与快乐的同时接受企业更多的产品与服务。以客户为中心的营销是营销顾客满意，而不是仅仅未来实现企业的营业额和利润。

发挥文化的吸引力，使文化对人的精神产生能动作用是营销文化的一大特色。一般来讲，顾客选择供应商是随机的，又受很多因素的影响。要在终端销售环节留住顾客，就必须坚持以人为本的思想，为顾客提供真正想要的产品或服务，同时以自己的企业文化，引导消费，潜移默化地影响消费者的行为，使之形成一种消费定势。

零售文化建设——途径与实践

像中国石油、中国石化及外资零售企业，所属加油站数量多、分布广，跨区经营，可以概括为“点多、线长、面广”，各加油站之间在所处环境、自身规模等方面存在着很大差别，对于建设统一的零售文化是巨大的挑战。

零售文化建设与一般企业文化建设相比有很多不同点，内容更复杂，任务更艰巨，不可能一蹴而就。建设零售文化不是哪一个部门、也不是哪一个加油站所能独立完成的，它是核心竞争力建设的一个组成部分，是一项艰巨而细致的系统工程，需要上下一心、齐抓共管、持之以恒，经过长期努力才能够达到目标。

■ 提高认识，使零售文化的理念深入人心

文化建设是一项群众性活动，中油销售系统的销售理念需要广大员工去坚持，制度需要广大员工去执行；对顾客的人文关怀需要广大员工去实现，文化建设的每一项内容都离不开全

体员工的积极参与。因此，一定要开展广泛深入的动员，提高中国石油每一个员工的思想认识，使零售文化建设的理念入耳入脑、深入人心，并逐步变成员工的自觉行动。要善于发动和组织广大员工，充分发挥广大员工的主观能动性和创造性，对内创造一个良好的文化氛围，对外塑造良好的社会形象。

■ 从细节入手，创新基层文化

细节折射出一个单位的综合实力。重庆加油站管理的经验表明，一样的规范管理，谁做得细，做得扎实，谁就会赢得主动，就会给顾客留下深刻印象。

与国际大石油公司相比，国内加油站的差距主要不在硬件上，而在于管理、在于细节。我们的细节管理要细到什么程度？首先是站容、站貌要整洁有序、统一包装，并让加油站白天成为城市景观，夜间成为行车路标；其次是统一站内各种标识，如统一加油站警示牌、摩托车加油处指示牌、入站须知、价格牌、服务监督栏等；三是设备管理，如加油机要擦拭得干净整洁，每台加油机要有卫生责任牌，实行环境卫生交接班制度；四是要做好站内安全消防工作，确保消防工具齐全和适用；五是提供必要的便民服务为顾客提供力所能及的方便；六是服务要更细化、更人性化。

■ 建立和完善客户服务体系

市场的竞争最终是对客户的竞争。对客户的竞争，需要统筹规划，构建自上而下的用户开发体系，根据用户所在的行业、规模、消费等特点，建立客户档案，把客户进行细分，根据不同的客户群制定不同的服务策略，听取客户的意

见，满足客户的要求。

■ 提升品牌影响力

对客户来说，走进加油站，就是买品牌、买质量、买服务。品牌是质量的保证。品牌推广要针对不同的客户对象采取不同的措施，减少品牌与客户之间的距离，争取在较短的时间内最大程度地获得客户的好感和认同。

品牌推广需要紧紧依靠基层员工的互动服务，依赖于员工的每一个微笑、每一个行动、每一句话语，所有的员工都是企业的形象大使。

要充分利用新闻媒体，及时反映企业和员工搏击市场、开拓领域、创新思维、打造品牌的新思路、新方法和新成果，提高宣传质量和含金量。同时，配合整体营销规划，做好品牌推广策划，开展一些区域性或全国性的大型宣传推广活动。各公司可根据自身市场的实际需要，开展大型推广活动、文化营销、专项促销、媒体广告和赞助公益活动等多种宣传和促销活动。

企业文化是帮助我们应付困难、适应变化、自我改进、一直前进的真正财富。综观国内外大石油公司的成品油销售企业，无不把价值观、理念文化作为生存发展之本，为"社会创造财富、为员工提供发展、为顾客营造满意"不仅是口号，更应该成为企业行为的准则和员工个人行为的指针。"持续满足消费者需求"，成就"百年老店"，首先需要价值观与文化的指引。在市场竞争中，产品是载体，规范是基础，文化是灵魂，"新的改变来自心的改变"。

第 9 篇

人力资本开发
——投资第一资源

人才是一个企业发展最重要的战略资源，是决定一个企业兴衰存亡关键。

适合的人员、适当的报酬、有效的培训、科学的激励、鼓励创新的文化，才能建设一支有竞争力的队伍，才能建设持久的、适应变革的核心竞争力。

从国内形势看，加油站竞争日趋激烈，如何做好人力资源的开发建设，是迎接竞争以至于在竞争中获得优势的重要保障。对于加油站营销管理来说，人员的素质、理念与文化、工作技能直接决定着加油站的营销竞争能力。

规划人力资源

企业为了实现战略目标必须进行适当超前的人力资源规划。通过预测企业发展中人力资源的供给与需求状况，并采取相应措施，确保企业在需要的时间和需要的岗位获得所需的人选，包括数量、质量、结构等，以实现人力资源的最佳配置，使企业与员工的需要得到满足。

人力资源规划是一个与企业战略发展相辅相成的工作，是支持、支撑企业良性发展的战略保障。

企业最重要的资源是员工。一个企业的成功有赖于员工的贡献。为创造有效的贡献和绩效，员工必须知道公司对他们的期望是什么，如何衡量这些期望，以及他们能够做什么以提高工作表现并在将来承担更多的责任。

21世纪是新经济时代，适应新经济时代的人力资源规划的本质是：认识人、尊重人、用好人、发展好人。认识人是人力资源规划的前提、基础；尊重人是人力资源开发与管理制度制定、实施的核心内容和具体体现；用好人是企业的原则，企

业只有员工工作有绩效，企业才算用好了人；发展人是企业的责任与最高追求。企业管理活动要体现这一思想。这样一来才能吸引源源不断的人才与企业不断成长。

不论是战略性的长期规划还是作业性的短期规划，人力资源规划都包括两个层次：总体规划与各项业务计划。人力资源总体规划是有关计划期内人力资源开发利用的总目标、总政策、实施步骤及总预算的安排。

人力资源规划所属业务计划包括人员补充计划、人员使用计划、提升与降职计划、教育培训计划、薪酬计划、劳动关系计划等，这些业务计划是总体计划的展开和具体化。

企业根据其整体发展战略的目标和任务来制定人力资源规划。一般来说，企业人力资源规划的程序包括5个步骤：

首先是对企业人力资源的需求进行预测；第二步是人力资源供给预测；第三步，根据供需预测的结果进行人力资源供需分析比较，计算出目标时期企业人力资源供求失衡的方向和数量，作为制定具体人力资源管理措施的依据；第四步，制定实现人力资源供求平衡的具体措施；最后一步是实施人力资源规划，并对实施结果进行评估与反馈。

营销团队建设

在竞争日益激烈的加油站市场中，要想获得市场，不断巩固和提高市场份额，必须拥有一只强有力的营销团队，并能以一种优秀的企业文化与企业精神去不断激励。

加油站员工是加油站营销管理的代表，肩负着双重责任，一方面要对企业负责，尽量把油品销售出去以获得利润，另一方面又要对消费者负责，即为消费者提供满意的产品和服务。

加油站竞争能力的强弱不仅取决于加油站人员的数量，更重要的还取决于加油站员工的素质，取决于加油站团队的力量和团队的精神面貌及开拓精神，所以说，加油站团队建设对于加油站营销管理，对于加油站人力资源的管理有着非常重要的作用。要建立一只优秀的加油营销团队，员工的素质非常重要，一般来说，优秀的加油站营销团队人员应具备以下素质。

① 敬业精神。面对竞争激烈的成品油销售市场，营销管理工作是一项艰巨的工作，有许多困难和挫折需要克服，这就要求营销人员必须具有强烈的事业心与高度的责任感，要有勇

于进取、决不示弱的一股工作劲头。

② 诚信的品德。加油站营销人员不仅是企业的代表，还应是消费者的顾问，应将企业利益与消费者利益很好地结合起来，并且企业利益只有在保证消费者的基础上才能获得。因此，加油站营销人员要具有诚实守信的优良品质，想顾客所想，急顾客所急，真正树立“用户第一”、“顾客是上帝”的经营思想，积极为顾客服务，这样才能赢得顾客信任，赢得市场。

③ 市场洞察能力。市场和顾客的需求状态总是处于不断的变化之中，情况复杂且受到多方面因素的影响、制约。一个对市场有敏锐观察能力的营销人员，能在浩如烟海的市场信息中，及时、准确地发现和抓住市场机会，研究顾客的购买心理和购买行为，制定出符合市场规律、顾客满意的营销策划，提高企业经济效益。

④ 顾客服务能力。营销管理的目标是增加销售，这就需要营销人员能熟练地运用各种推销技巧，成功地说服顾客，要熟知营销工作的一般程序，了解用户的购买动机和购买行为；善于展示和介绍自己的产品，善于接近顾客，善于排除顾客的异议直至达成交易。要做到这些，首先必须相信自己，相信自己的产品，相信自己所代表的企业。这样才能产生积极性和动力，继而才能成功。

⑤ 相关的知识积累。加油站销售的各种油品是科技知识含量比较高的产品，作为一个营销人员应掌握各种知识，并且有指导用户根据各类机具设备合理使用油品的能力；同时，在与各种各样顾客打交道的过程中，营销人员还必须掌握相应的消费心理学、法律法规知识和各种推销技巧。所以，营销人员

应有旺盛的求知欲，善于学习并掌握多方面的知识，这样运用起来才能游刃有余。

建设一只优秀的加油站团队，不仅与团队内人员的素质、激励奖惩机制、绩效、酬薪等因素有关，更重要的还与企业文化有关。这种文化影响着营销人员的追求和行为以及营销人员之间的关系，进而影响整个团队的工作效率和企业的生存与发展。

一个健全、发挥积极作用的营销团队并不是自然形成的，而是通过对营销人员的选择、培训、沟通、激励等手段以及企业文化的塑造培养团队精神逐步形成。一个优秀营销团队的特征：第一是敬业精神；第二是具有创新意识；第三具有竞争意识；第四要善于学习和沟通。所以，企业内的营销团队要成长，就必须提高竞争力，拥有核心专长，提供价值给顾客，充分发挥营销人员的积极性。使员工在组织中得到关怀，能力得到提高，使员工在组织发展中得到发展。

有效行为激励

现代加油站是产品销售与客户服务合二为一的终端零售企业，其产品销售的效益与客户服务的质量不仅取决于经营管理理念和制度规范，更取决于贯彻实施这些理念与规范的员工，“细节决定成败”在零售业中体现得尤为重要。

实施细节管理、达成顾客满意，需要做好三个方面的工作，即理念文化的引导、制度规范的约束和激励机制的完善。只有上述三方面的有机结合，才能使所有的员工不仅知道应该怎么做，更知道为什么要这样做和发自内心地愿意这样做，才能真正实现“战略决定方向，细节决定成败”。

人们的各种行为，都是出于一定的动机的驱使，而动机又产生于人们内在的需要的满足。内在的需要越强烈，动机也越强烈。所谓激励，通俗讲就是激发人内在动机的过程。

按照字的本义，激，就是鼓动人心，使其有所感发；励，就是勉力、努力。组合起来，可以这样定义激励的概念，即，激励，就是通过一定的管理制度和手段，激发和勉励员工，使

其工作。

激励就是根据人的需要和动机对人员进行有效的调动。

激励的本质就是管理的能动性过程，通过满足员工工作中的相关需要，激发人们的工作积极性和创造性，实现组织目标的过程。

激励的目的就是通过激励管理影响人们工作中与事结合的能力和积极性，进而达到自发自觉完成目标、任务，取得有效工作的结果。

■ 激励机制的特征

机制是系统内各子系统、各要素之间相互作用、相互联系、相互制约的形式和运动原理以及内在本质的工作形式。

机制有如下特征：

① 机制按一定的规律自动发生作用并导致一定的结果。

② 机制不是最终结果，也不是起始原因，它是把期望转化为行动、原因转化为最终结果的一个中介。

③ 机制制约着某一事物功能的发挥。

④ 在一定系统中，机制是客观的，它反映事物内在本质的方式和规律，是组织相互作用的动态关系。

⑤ 机制的优劣是以其作用于系统而导致系统机能的强弱来评价。

激励机制就是各激励因素的作用原理。

激励机制是由激励的主体、客体、目标和手段而构成的。加油站激励机制其主体是上级管理部门（委托人）；客体是加油站员工；目标是绩效；手段是实现绩效的方法和约束（途径）。

■ 激励机制的作用途径

激励机制是由管理主体实施，作用于管理对象，促使管理对象出现期望的反应的过程。一般来讲有如下作用方式和途径：

① 政策激励。

建立一个公平、透明、诚信的政策体系，使每个员工都能知道自己的努力方向、努力的标准和相应的结果。

政策激励是普遍适用于每个员工的激励途径，是共性的，是激励的基础。

② 工作激励。

通过使工作内容具有挑战性和成就感，强化工作本身给员工带来的乐趣和报偿，使员工忘我投入工作之中。正如古人云，“知之不如好之，好之不如乐之”。

工作内容的丰富化、工作岗位的轮换制等都是工作激励的有效形式。

③ 薪酬激励。

给员工一份满意的薪酬，使员工过上体面的生活，是薪酬激励有效性的前提。通过工作取得生活收入是劳动者工作的基本出发点，这一点对于经济欠发达地区的员工尤为重要。

实施薪酬与贡献挂钩和多劳多得的薪酬制度，可以激发员工的工作动力和积极性。

④ 待遇激励。

给员工以与其贡献相对应的良好工作环境和物资待遇，有助于激发员工的优越感和维护既得利益的动机。

只有当待遇与职位、责任和贡献挂钩时，且待遇不是只能

升、不能降的福利时，才能起到激励的作用。而人人平等的福利是没有激励作用的，只是保健因素而已。

⑤ 荣誉激励。

对员工的成绩予以认可和表扬，给予与贡献相应的荣誉称号和象征性奖励，是激发员工自豪感的重要途径，也是成本最低的方式。

荣誉激励的及时性与隆重程度直接关系到荣誉激励的效果。

⑥ 成长激励。

为员工提供职业生涯发展规划是对追求个人职业发展的员工的最有效激励形式。通过岗位锻炼、培养和公平公正公开的选拔机制，为员工提供发展空间，不仅可以激励员工努力上进，也可以为企业培养后备干部。

⑦ 个人价值实现的激励。

使员工个人感到满意，为自己的行为结果自豪和骄傲：员工意识到他们的工作对组织的重要性时，当员工理解他们的工作对团队的贡献时，员工会感受到激励。所以帮助员工意识到工作的兴趣，使员工做自己有兴趣的工作时效果是最好的。

⑧ 责任激励。

责任和权力可以统一，也可以分离，当不能通过晋职奖励员工时，通过赋予员工等同的责任也可以起到很好的激励效果。同理，使员工参与决策过程，提供解决问题的建议，可以激发员工的积极性和负责精神。

以上激励方式中，最重要的激励是内部激励因素及方法的运用。因为员工持续的动力和积极性来源于每个人的内在因素。相比较而言，内在激励因素的持久性更长，同时外在激励

对内在激励具有很大的影响。外在激励的时效要短，需要不断地调整和改进，现实中企业更加关注的是外在激励因素，因为它与企业制度与经营紧密相联，操作起来更加直接和简单、容易，在企业激励的途径中，以业绩激励最为常见和直接。

员工职业生涯管理

职业生涯管理是对员工个人职业的发展与变化进行管理，管理的主角可以是员工自己，也可以是员工所在组织。

对于一个组织而言，职业生涯管理简称职业管理，是对本组织员工的职业生涯进行有目的、有计划地管理，是一个组织帮助在本组织内从事某类职业的员工，在职业上得以进步，事业上得以发展的行为过程。它主要是强调重视员工的职业规划和职业发展，用多种手段为每一位员工（重点是骨干人员）提供一个不断成长以及挖掘个人最大潜力，建立成功职业的机会，从而最大限度地利用员工的能力，在促进员工职业发展，实现职业目标的过程中为组织保留和开发高素质的人力资源，稳定而有效地保障本组织的可持续发展。

一个组织为什么需要关心员工的职业发展？为什么要把一定的时间、精力和金钱用于许多人认为是属于“个人事情”的员工职业发展之中呢？这是因为凡重视员工职业生涯发展的组织，坚持“以人为本”的企业，都会对本企业的人力资源采取

一种长远的眼光，制定并实施有效的员工职业发展计划，这能够提高组织吸收和保留高素质人才的能力，确保企业拥有必须的宝贵人才资源，从而促进该企业工作效率的提高和企业目标的实现。

成功的职业生涯发展是员工个人特点与组织特点相适应的结果，它可以使员工与组织“双赢”。组织可以从具有献身精神的员工所带来的绩效改善中获利，员工可以从工作内容更为丰富、更具挑战性的职业中获得收益。成功的员工职业发展是个人与组织相互选择的过程，是双方需要相应匹配的过程，是双方共同努力以使个人的职业与组织的事业相结合的过程。因此，职业生涯管理对于员工个人和员工所在的企业而言，都是至关重要的。

对于员工而言，通过职业生涯管理，可以获取公司内部有关工作机会的信息，确定职业发展目标，制定行动计划，以实现职业发展目标。还可以认识到自身的兴趣、价值、优势和不足，有助于增强个人对工作环境的适应能力和工作困难的控制能力，有利于处理好职业生活与个人其他生活的关系，有利于实现自我价值的不断提升和超越。个人若不重视或缺乏对自己职业生涯进行管理时，就可能导致其事业受挫，并感到不被组织所重视。尤其当所在组织发生兼并、收购、重组或精简裁员时，员工的工作和任务往往会发生大的改变，个人便可能无所适从。

对于组织而言，职业生涯管理能有效地鼓励员工规划自己的职业生涯，防止组织在出现职位空缺时找不到合适的员工来填补，防止员工对组织忠诚度的降低，防止在使用培训和开发项目资金上缺乏针对性，防止组织人力资源管理与开发方面投

入与产出上出现的短视性。最重要的是，通过职业生涯管理，组织可以帮助员工管理好职业生涯，从而激发其高昂的职业动机，引导和维持其积极的职业行为。

员工的职业动机包括三个方面：职业弹性、职业洞察力和职业认同感。职业弹性是指员工处理某些影响工作问题的能力大小。高职业弹性员工能够有效应对意外事件、对工作环境的不利因素做出迅速反映。职业洞察力是指高能力的员工能够设定适宜的职业目标，并从事有益的开发活动去实现目标。职业认同感则是指员工对其工作中个人价值的认可程度，它会影响员工的忠诚度、向上力、成就感和事业心。

组织给员工提供的职业发展空间、培训与开发政策、职业路径和成长机会等信息、资源和条件的状况，会影响到员工职业动机的高低。组织进行职业生涯管理有着其他工作不可替代的深远意义，它可以了解员工个人需要、目标和能力状况，调查他们同现实与未来、机会与挑战的矛盾；它可以提供平等的就业发展机会，更加持久地起到激励作用，更为有效地开发员工的职业生涯价值，这对于组织和员工的持续发展都具有重要的强大动力。

第10篇

创新

——引领行业发展

德鲁克曾说过：“创新是改变资源产出，改变资源给予消费者的价值满足。”

创新是一种能力，以创造性满足需求为动力，以成为行业领导者为目标，以获得竞争优势为检验，以勇于实践、视风险为机遇为前提。创新，是基于企业未来预见性基础上的主动应变。

创新，就是赋予资源以新的创造财富能力的行为。一种是技术创新，即在自然界中为某种自然物找到新的应用，并赋予新的经济价值；另一种是社会创新，它在经济与社会中创造一种新的管理机构、管理方式和管理手段，从而在资源配置中取得很大的经济价值和社会价值。

对创新的理解

创新管理包括新产品开发管理与新商务开发管理两大类。加油站引入98号高标号汽油的销售可以归为新产品开发，加油站开发便利店、保险代理业务则应归为新商务开发。

经济学家熊彼特认为，技术创新是企业生产经营价值链中的重要一环，是企业制定战略的一项重要资源。“技术创新包括产品、工艺、市场、组织和供应链创新。”在此，技术创新已不局限于科学技术，而是涵盖整个企业生产与营销服务的各个环节。

企业创新依赖于企业与前后产业间（包括供应商与用户）、与知识机构间的联系的多少及联系的多样化程度，如加油站开发高清洁能源销售业务，需要与上游炼化企业的合作；开发车用天然气销售，需要储运技术的创新；开发保险代理业务，需要顾客观念的转变；开发营销管理技术，需要研究机构的技术支持。

企业创新能力依赖于企业在价值链中获得资源的能力、与

外部合作的能力和内部积累的能力，企业创新过程是企业价值链扩展与深度开发的过程。

建立企业创新管理系统，可以充分利用内外部知识积累，抓住市场机遇，更快、更有效地满足市场需求，并通过促进知识向用户的扩散，加快顾客对新技术、新观念的理解，创造需求，创造市场。

在制定企业创新战略时，要全面考虑企业的发展战略、拥有的资源及对资源的配置能力，及企业对相关知识的需求、知识获取方式，企业竞争对手创新战略，以及企业管理体制和企业文化的应变能力等多方面综合因素。

成品油零售创新

■ 经营理念创新

加油站的定位，经历了由初期的仅为车辆提供能源到为用油车辆与设备提供能源与维护服务和为司乘人员提供商品与服务的综合服务中心的发展过程。

自20世纪初出现以桶计量的简易加油站后，伴随汽车工业的迅猛发展和路网建设，作为汽车行驶保障环节的加油站也如雨后春笋般涌现，并由点线建站发展为网络化布局，由单一售油向多功能、综业化发展，进入21世纪后，加油站已发展成为社会生产生活中必不可少的物流保障系统，其供给状况与价格水准直接影响着国计民生。

最初的加油站只是一个成品油零售商，仅能满足汽车加油需求，直到1912年，美国路易斯安那标准油公司在孟菲斯市所建的加油站专门为女顾客建造了一间女用洗手间，并雇用一名女招待为顾客供应冰水服务，开创了加油站向非油业务发展

的先河。

随着顾客消费水平的提高和需求的多样化，加油站业务范围也在不断扩展，时至今日，加油站已发展为以油品销售为主业，便利店销售、车辆维护服务及餐饮住宿为延伸的综合性“车·人服务中心”。

伴随加油站业务的扩展和消费者的成熟，加油站的竞争由传统的油品价格与质量竞争发展为商品销售与服务并重，质量、价格、过程、品牌的综合竞争。消费者不再仅关注所购买商品的数量与质量，更关注购买过程中所享受的服务与感受。

加油站所提供的商品的效用、服务过程与企业经营理念等都是通过加油站员工的服务过程转移给消费者的，加油站员工的工作不仅是一个商品价值转移的过程，也是一个价值创造过程，这个价值创造过程的数量与质量决定了加油站的利润来源与利润空间，而价值创造过程的成本则决定了加油站的最终效益。

中国成品油零售企业经历了计划经济体制下的官方市场、改革开放后的卖方市场到社会主义市场经济下的多种所有制竞争的买方市场的发展历程，竞争形式从简单的油品质量、计量与价格的竞争发展演化为业务延伸、服务质量与品牌价值的竞争。

伴随中国加入WTO后跨国石油公司进入成品油零售市场的政策壁垒的消除，未来中国成品油零售市场将进入以中国石化与中国石油为主体、以外资加油站为标杆、以民营加油站为低端的竞争格局。竞争优势将取决于产品与服务的创新、管理机制的创新和理念与文化的创新，而实现创新的关键是要树立

创新观念、掌握创新方法、实施创新管理。

■ 营销体制创新

科学、合理的组织结构，不仅可以提高效率，更重要的是可以最大限度发挥员工的积极性与创造性，提高企业的整体业绩。中油BP公司借鉴合资双方的优秀管理经验，实现了强强联合、优势互补，虽然合资公司成立的时间很短，各路工作千头万绪，面临许多挑战，但由于组织架构设置科学，使得各项工作有条不紊，进展顺利。

建设扁平化的组织架构，一方面可以减少管理层次，提高了工作效率；另一方面也可使管理人员经常深入油站，了解掌握油站的实际情况，有利于管理人员做出科学的经营决策。研究和借鉴跨国石油公司零售管理体制与组织结构的先进经验，创新适合中国本土特殊市场环境的扁平化的销售体制，是未来一段时期内国内油品销售企业要着力研究和解决的关键问题。

市场竞争，既是企业间的竞争，也是由企业、供应商、销售商乃至顾客组成的整个价值链的竞争。在这个价值链中，不仅每个环节都要达到有效率、有竞争力，组合后的系统也要达到有效率、有竞争力，否则这个体系就会在竞争中失败，或者消亡，或者与其他的企业、供应商或分销商重新组合为新的顾客价值交付体系参与新的竞争。

企业在确定其营销体制时，要充分考虑外部因素，构建一个双赢互利的、稳定的营销体系，与供应商、分销商建立战略合作伙伴关系，并应尽最大努力把顾客也纳入到这一战略伙伴关系之中。在顾客价值交付系统中，合作伙伴的重要性日益突出。只有掌握客户，才能掌握市场，才能超越竞争。高效率的

管理机制和管理模体制是实现成品油终端销售网络良性运转的前提。

■ 客户服务创新

虽然在加油站选址建设时已充分考虑了周边市场因素，但消费者与竞争对手都是无时不在变化的。路网建设、社区改造、机构用户变迁与私人用户的增减，都直接影响加油站的经营状况。原来车水马龙的加油站可能因道路改造而门庭冷落，而原来偏僻冷清的加油站可能因周边社区的开发而门庭若市。

潜在竞争者的进入与竞争对手的竞争策略则更是影响加油站生存与发展的主要因素。伴随中国加入 WTO，外资加油站的进入与竞争升级将是本土加油站要面对的主要威胁。我们环顾一下国内快餐市场上洋品牌的竞争态势与消费者的认同，不能不未雨绸缪，提前应对。加油站按其地理位置不同可分为城区站、国（省）道站、高速公路站和乡村站，不同的地理位置决定其服务区域与对象的差异。城区站一般受场地限制，业务以油品为主，辅以精品化的便利店和洗车、保养服务，由于城区加油站的高回报率和排他性，各企业都竭尽所能进行竞争渗透。

随着竞争的升级，实施服务延伸战略是竞争创新的根本出发点，如救援服务、保险代理等；高速公路加油站均设在服务区，服务区内有独立的便利店、餐厅、住宿、公用卫生间及车辆维修，因此高速公路加油站为专业垄断经营，业务单一，拓展车辆服务功能、降低运行成本是高速公路加油站创新的基本着眼点。

激烈的竞争使国（省）道加油站业已演化为综合性的服务

区，服务范围涵盖了加油、保养维修、餐饮住宿、购物、公用卫生间、车辆加水清洗、空载配货及其他衍生服务，由于国（省）道加油站一般占地面积较大，相应各项服务设施规模也都较城区大，在竞争中规模效应也更明显，实施一条龙服务，创建真正意义上的车·人服务中心，使车与人在加油站能够得到全方位的休整与补给，是国（省）道加油站创新的方向。

乡村加油站是油品分销网络的末端，一般规模较小，业务主要集中在各类车辆与农用机具用油的销售，以油为中心，建设用油机械服务中心，是其发展方向，而乡村市场低购买力水平决定了价格是其主要的竞争手段。

■ 运营管理创新

改进加油站内部运营管理和作业流程，降低运营成本，是为顾客创造价值的前提条件。现代加油站的业务组成可归结为"物流+服务"，物流是基础，服务是延伸。通过对内部流程的诊断与分析评估，可以寻找创新点与方向。

利润等于销售收入减去成本，这是人所共知的，但在实际工作中，却未必每个站长都能把这看似简单的事情做好。加油站运营成本主要包括场地费、存货资金占用与管理成本、人工成本、水电通讯等运行成本。通过精确编制营销计划与合理组织运营降低运行成本，是加油站站长的主要工作之一。

加油站场地费相对加油站整体而言是固定成本；但相对于加油站吨油销售成本却是变动成本，销售额越高，摊销的场地费就越低，加油站的经济效益就越好。降低吨油场地成本的途径有两条：一是扩大营业面积，在法规允许限度内充分利用场地资源，提高场地利用率；二是提高商品周转率，提高单位面

积场地创造的价值量。

对于连锁加油站，加油站只是一个卖场，存货资金占用成本是个隐性成本，但对于连锁机构总部，却是一笔巨额资金开支，像中国石化与中国石油这样的超大规模连锁机构，每个加油站降低一吨成品油存货，总部就可以降低上万吨存货，就可以减少上千万元的流动资金占压，可降低大笔财务费用。

对于加油站连锁机构，物流既是运营中的一个重要保证环节，合理规划物流，提高物流效率，是降低成本的有效途径。

城区加油站多按城市路网布局，是区域性物流体系，物流配送半径是确定物流路径的主要因素。在规划物流配送网络时，要结合运输成本、站内存货成本和配送中断风险综合安排。此外，油品配送与非油商品配送应协调考虑。

■ 营业组织与卖场管理

加油站是营运中心，是卖场，站长要对日常运营需全权负责，除对站内存货实施动态监控和申报补充外，站内人员的营业组织和现场管理是站长的主要工作内容。

加油站作业的高危险性要求各作业环节必须专人专责，特别是涉及安全生产、资金安全的岗位。加油站普遍实行24小时营业，而在一天中顾客流量是不均衡的，高峰期需增加加油服务人员，低峰期可以减少加油服务人员，通过合理调配作业人员班次人数结构，可以降低人工成本，国外许多加油站在高峰时间段聘用学生就是应对之策。

加油站服务质量取决于现场与顾客直接接触互动的一线作业人员的工作质量，取决于加油站每个人的积极性与责任感，激励员工、培育员工的责任感与合作精神、提升员工对工作与

生活的满意度，是站长每时每刻都要用心去做的工作，站长的业绩是通过所属员工的努力实现的，站长是组织员工为顾客服务、并提供指导、支援与危机处理的一线指挥员。随着顾客权利意识的觉醒和同业竞争带来的比较，加油站现场投诉与纠纷日益增多，如果处理不好，会对加油站的声誉带来严重危害，甚至会影响加油站正常营业，并对加油站连锁机构整体造成不可估量的损害。

对站长及员工进行处理突发事件与顾客投诉的技能培训并通过信息系统进行相关经验分享，建立顾客投诉处理中心，都是有效的解决方案。研究表明，顾客的投诉得到妥善解决后，顾客会增进品牌忠诚度，并会进行正面宣传。不回避问题，创造鼓励发现问题、妥善解决问题、改进问题的机制，方便顾客投诉，是创新管理的重要内容之一。

对成品油零售业务创新的再思考

随着国内成品油零售市场开放市场的临近，国内成品油零售市场竞争逐渐加剧。面对来自国内外石油公司的竞争，中国石油成品油零售企业如何把零售市场做大做强？这是摆在国内石油销售企业领导面前的一个重要课题。

■ 竞争策略创新—做强竞争力

从理论上讲，核心竞争力是指企业所拥有的超过其他竞争对手的竞争优势。成品油零售企业的核心竞争力还可以这样说：通过合理的分销网络布局、高效的供应链管理和完善的油品信息系统支撑，能够扩大或保持适度的市场份额，创造客户价值和企业价值，促进员工发展，并在实践中不断提高企业市场营销能力、管理运作能力，进而提升零售网路的整体竞争能力和盈利能力。

成品油零售企业的竞争，实际上是综合实力的竞争，来自方方面面，但主要表现在六个方面。

一是市场占有率。对成品油零售而言，就是零售网络的覆盖与延伸，使消费者能就近得到服务。我们对全国的市场占有率做了一个分析，现阶段中国成品油零售市场中，居前两位的应该是中国石化、中国石油。但是，外资企业进入零售业后，竞争形势就不容乐观了。因此，优化零售网路是强化市场优势的主要途径。

二是品牌价值。品牌价值是一个企业的名称、标志、外观形象、产品效用等外在的体验，与企业精神、营销理念、服务过程等深层次的文化内涵共同作用于消费者。久而久之，综合感知和思维定势就会在消费者脑海中形成，这便是企业的无形资产。就全国市场范围看，目前国内成品油零售市场中，具有品牌价值的零售企业只有中国石化、中国石油和即将陆续进入中国的跨国石油公司，如 BP、壳牌公司等，而其他的中小竞争者远不具备与刚才说的这些企业进行品牌竞争的能力。所以说提高品牌价值，将是中国石油长期的战略任务。

三是知名度。怎样才能成为知名企业？这就看你有没有品牌价值。价值既需要一点一滴的长期积累，也需要营销策划与广告宣传，使你的品牌在更广的范围内让更多的消费者了解。在国内成品油零售市场中，国外跨国公司凭借在我国长期销售润滑油建立的品牌优势，在国内的一些地区，已对中国石化、中国石油形成了挑战。因此，进行整体策划和应对挑战，是对国内零售企业战略经营能力的考验。中国石油近几年比较注重品牌的营销和知名度的培育，在国内市场的知名度不断提高，特别是在我国的南方市场。

四是服务质量。因为消费者在购买产品的同时还消费加油站提供的服务，而消费者在接受服务过程中的感受，则直接影

响消费者的满意度与忠诚度。企业经营的产品可以改变，服务地点可以改变，从业人员可以变化，唯一不变的就是顾客，只要拥有忠诚的顾客，企业就永远拥有市场。

五是产品效用。有这样一句话，“卡车司机的微笑永远不能代替卡车”，这就说明了没有物美价廉的产品，就不存在优质的服务，顾客所购买的产品与服务的效用是顾客满意的基础。因此，优质服务必须建立在产品的数质量基础上，才能赢得竞争优势。

最后是人力资源。企业的产品是由人创造的，企业的形象是由人塑造的，企业的服务也是由人提供的，企业的忠诚顾客更是由人来维系的。通过竞争机制和理念与技能的培训，建设有竞争力的人力资源是企业创新发展的保证。

■ 营销管理创新—信息化战略

现代信息技术提升企业的经营与管理的水平和效率已经越来越重要，也是提高竞争力的一种重要的手段。特别是随着网路技术的发展和广泛应用，已彻底改变了传统经营管理模式。油品零售企业的信息化对整个零售网路的运营起着重要的支撑作用，它决定了供应链配送体系和企业运作体系是否能够有效地进行。例如通过液位仪和网路系统可以自动完成加油站库存数据的上报，配送中心以此主动为加油站配送油品。

IC卡的采用，不但方便了客户支付，而且为开展各种营销工作奠定了基础，比如积分等，对吸引和稳定客户具有重要的作用。新技术的广泛采用，不仅提高了加油站的自动化、信息化程度，促使自助加油站的出现，大大节省了劳动力成本，

而且还提高了企业的运营效率和竞争力。因此零售企业的信息化程度高低已成为决定企业竞争力的基础。

目前国内绝大多数油品零售企业还处于传统的经营管理阶段，信息化程度低，大量的工时浪费在各种各样的信息统计上，费时费力且存在各种弊端。由于信息统计滞后，上级公司对市场变化难以做出及时、准确的判断，导致决策迟缓，整个运营工作完全依赖于人的“良知”和素质，可靠性较差，存在很多管理上漏洞，管理难度大。液位仪在美国加油站的安装率很高，并且全部接入成品油信息管理系统。在特许加油站都安装了液位仪，这样可以实现对特许经营加油站的严格监管。

■ 经营业态创新—多角化经营

多角化经营，也就是经营多元化。在加油站开展便利店业务，充分利用现有存量资产，拓宽除油品以外的经营品种，更大限度的满足司驾群体的需求，增加油站的收入。由于竞争日益加剧，欧美发达国家加油站纷纷引入便利店、汽车养护与维修等非油品销售业务，其实质是通过不相关多元化来扩展原有市场。

对加油站来说，扩大了业务范围，培育了新的利润增长点，对客户来讲，节省了多次购物的时间。中国石油、中国石化在全国各地拥有庞大的零售网络，联系着千千万万的客户，这是笔非常可观的资源。不少国外的投资商也瞄准了这一点，表现出了很大的兴趣。目前，两大石油公司在这方面都有共识，都做了一些有益的尝试，可以说中国加油站将迎来非油品经营的黄金发展时期。

■ 客户服务创新—客户满意

客户是企业最宝贵的资源，不管多么大的战略计划最终还是要落实在客户服务上。我们的成品油零售属于典型的服务行业，加油站在提供加油服务时，卖出的是油品，但更重要的却是服务。

对一个加油站来说，在位置、价格等外部因素既定的情况下，服务是决定客户来不来购买的主要因素。具体说来，就是要建立客户信息系统。由于竞争加剧，客户的需求经常处于一种变化之中，因此，掌握客户的需求非常困难，而建立客户信息系统是经营的一种有效方法，它能综合而定量地评定客户对零售企业提供的成品油和服务的满意度，使零售企业找出客户满意度低的部分，从而不断完善。

同时，还要充分分析各种类型客户的特征，分析各种类型加油站的特征，分析各种类型竞争环境的特征，在整个营销战略中针对不同的市场类型，实施差异化营销。这方面，有许多做的比较好的零售企业，他们在经营实践中，将“客户分群，加油站分类，市场分片”的做法就是很好的例子，在实践中取得了明显效果。

■ 人才竞争创新—人才战略

长期以来，中国石油上层领导一直非常重视人才问题，这也是近两年中国石油竞争力提升较快的一个重要原因。在目前市场竞争日益激烈的情况下，人力资源开发直接关系到企业的兴衰，是最重要的资源。对一个零售企业而言，由于零售经营管理是一项专业性和综合性都很强的工作，需要具有专门知识

的管理人才、经营人才和技术人才，特别是具有较高经营管理能力和营销能力的加油站站长。目前这些人才都比较缺乏，你想想看，国际大石油公司大规模进入中国油品市场以后，我们辛辛苦苦培养的各类人才就有可能外流，那么，怎样应付这种局面？这是国内成品油零售企业必须认真对待的问题。

我们如今提倡9个字：我工作，我快乐，我发展。因为对人力资源部门来说，不仅要选好人，更要用好人、发展人。我们现有的人才战略是，用待遇留人、情感留人、事业留人，把最优秀的人才吸引到中国石油来。不仅如此，我们还要对员工进行培训，让他们在培训中得到提高，感受到企业对他们的重视。另外，我们还培养员工对企业的忠诚度和凝聚力，对重点人才，则毫不犹豫送到国外去或放到基层挂职锻炼，“能者上，庸者下”就是我们的机制。

参考文献

■《战略管理学精要（第2版）》，J. 戴维·亨特、托马斯·L. 惠伦著，电子工业出版社2002年版。

■《竞争优势》，迈克尔·波特著，华夏出版社1997年版。

■《市场营销》，菲利普·科特勒著，华夏出版社2003年版。

■《名牌竞争战略》，周永亮编著，经济管理出版社2002年版。

■《信息时代的管理信息系统》，斯蒂芬·哈格等著，机械工业出版社2000年版。

■《信息时代的管理》，林达·M. 阿普尔盖特等编写，中国人民大学出版社2003年版。

■《服务营销》，克里斯托佛·H. 洛夫洛克，中国人民大学出版社2001年版。

■《企业文化与经营绩效》，约翰·波特著，华夏出版社2003年版。

■《哈佛商业评论》，2002～2006年。

后 记

本书是我长期以来从事成品油销售工作的实践总结和理论升华。书稿从构思、选题到最终完成，历经两年的时间。其间，反复推敲，几易其稿。不觉间，衣带渐宽；惊晓时，两易寒暑；辛苦后，文章终成。面对论文，不禁想到了曾有过的“风清夜久窗前，孤影晓难眠”的辛苦；手捧书稿，深深理解到了曹雪芹曾发出的“字字看来皆是血，十年辛苦不寻常”的感慨；正视研究，在一丝的欣然之余，更多感到的是不足。

成品油市场开放以来，中国成品油零售业出现了许多新的特点和变化。本书反映了我对中国成品油零售业发展问题的思考，但有关这一问题的研究，还有许多值得进一步探讨的地方。“学无止境，思也无涯”。由于本人的时间和理论水平的有限，只能继续在今后的工作和研究中逐步弥补。同时，我也希望本研究能够起到抛砖引玉的作用，能够带动更多的学者深入研究中国的成品油零售业发展问题。

在此，我要特别感谢老领导黄炎、任传俊、林青山三位前辈对我的鼓励和指导，特别感谢中国石油天然气股份有限公司高级副总裁段文德先生和中国石油天然气股份有限公司炼油与销售分公司总经理蔺爱国先生、党委书记覃国军先生对本书完成的指导和支持。我更要感谢著名经济学家李晓西教授，他为本书欣然作序，高屋建瓴地指出了中国石油市场和中国石油企业的发展方向。他的这些思想对于大至中国石油行业，小至成品油销售企业的健康成长都具有重要作用。此外，我还要感谢中国财政经济出版社，他们为本书的顺利出版做出的大量的努力和辛勤的劳动！最后，我还要感谢那些在中国成品油零售业默默耕耘、无私奉献的人们，正是他们的付出和辛劳使得中国成品油零售业的发展，面向世界，赢向未来！

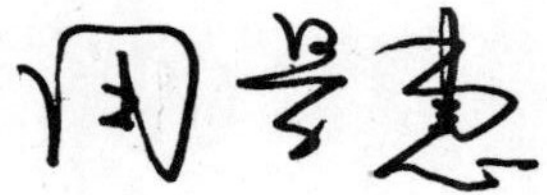

2007年3月2日